광장의 노래는 세상을 어떻게 바꾸는가

대통령 찬가에서 하야가까지

광장의 노래는 세상을 어떻게 바꾸는가

이영미 지음

• 일러두기

1. 단행본, 신문, 잡지, 장편소설 등은 「 」, 신문기사, 시, 단편소설, 희곡 등은 「 」, 노래, 영화, 드라마, 가극, 무용 등은 〈 〉로 표기했다.
2. 영화 컷은 한국영상자료원에서 제공받았다.

광장에서 혁명을 보다

"이런 광경을 네 번째 만나니 나는 정말 운이 좋은 사람이다." 30여 년 전에 남편이 어느 노인에게 들었다며 해준 말이다. 1987년 6월 항쟁이 한창이던 당시, 남편은 민중문화운동연합의 간부급 활동가로 일하고 있었다. 예나 지금이나 대중적인 시위와 집회가 펼쳐지면 진보적 공연예술인은 할 일이 많아진다. 남편은 후배 활동가들에게 이런저런 일을 지시하며 군중 속에서 시위판이 돌아가는 상황을 지켜보고 있었던 모양이다.

역시 군중 속에서 시위 상황이 돌아가는 것을 주시하고 있던 허름한 차림의 노인 한 분이 슬며시 다가와 지나가는 말처럼 이런 말을 하더란다. 사람이 일생을 살면서 이런 혁명적인 상황을 단 한 번도 못 만날 수도 있는데, 자신은 해방 직후, 1960년 4·19, 1980년 봄, 그리고 '바로 지금'까지 무려 네 번째 만나는 거라고. 그러니 자신은 정말 복 받은 인생이고, 바로 죽어도 여한이 없다고.

  말 속에 녹아 있는 저항적 기질로 보나 허름한 옷차림으로 보나, 평생을 대한민국 땅에서 평탄하게 살지는 못했을 듯한데, 그는 자신의 삶을 '복 받은 인생'이라고 말했다. 그 말 자체가 울컥 할 정도로 감동스러웠다. 그분이 살아계셨다면 아마 2016년에서 2017년으로 이어진 그 겨울의 광화문 광장에서, 더욱 크게 감격했을 것이다. 그러고 보니 4·19혁명 이후에 태어난 나는 이런 광경을 세 번째 만난 셈이다. 아직 갑자甲子 한 바퀴도 돌지 않은 나이인데도 그렇다. 정말 대한민국이 역동적인 사회임을 실감한다.

  이 역사적 시간을 만나며 광화문 광장에 대해 글을 더 쓰고 싶어졌다. 대한민국의 역사가 뒤집어지는 역사적 순간마다 세종로는 들끓었다. 그러나 세종로가 중요해지는 게 어디 격동의 순간만이던가. 15세기 초부터 그곳은 늘 중요했고, 실제 광장이 펼쳐지든 아니든 그곳은 늘 광장이 될 가능성을 지닌 공간이다. 대중예술 연구자인 내가, 그곳과 대한민국 사람들은 어떤 대중예술을 매개로 만났는지를 살펴보고 싶다는 생각이 든 것은 어찌 보면 자연스럽다.

물론 이미 대중가요를 통해 본 서울의 역사를 『광화문 연가』(2008년, 절판 후 2017년 『다시 광화문에서』로 수정증보)에 담아내긴 했지만, 그 책은 대중가요에 국한했을 뿐 아니라 서울과 도시 전체를 다룬 것이었다. 이번에는 광화문 광장 하나에만 집중하고, 노래·영화·소설 등 대중예술 전 분야로 범위를 넓혔다. 특히 특정 공간이 선명하게 포착되는 영화에서 세종로와 광화문이 어떻게 나타나는지 살펴보는 일은 꽤나 흥미로운 작업이었다.

이 원고는 『한겨레』에 연재되었던 글을 다듬은 것이다. 원고를 연재하도록 부추겨준 친구 강영희와 김종철 기자께 고마움의 말을 전하고 싶다.

2018년 4월
북한산 자락에서
이영미

차례

머리말 광장에서 혁명을 보다 ● 5

제1장 광장에 촛불이 타오르다

〈아리랑 목동〉이 촛불로 부활하다 ● 15 노래는 왜 대중을 뜨겁게 하는가? ● 20 희망과 고달픔이 녹아 있는 〈경복궁 타령〉 ● 24 '새 도읍의 지형이 뛰어나도다' ● 26 역사적으로 힘이 축적된 광화문 광장 ● 29

제2장 울어라 은방울아, 세종로가 여기다

조선총독부에서 국립중앙박물관까지 ● 35 '총후'란 말을 아시나요? ● 37 '독립의 종소리는 언제 우느냐' ● 40 '아세아의 바람아 서울의 꿈을 깨라' ● 43 〈울어라 은방울〉에는 광화문이 없다 ● 47

제3장 대통령 찬가에서 독립행진곡까지

박목월의 '이승만 찬가' ● 53 이승만의 탄신 행사 ● 58 좌우합작의 〈해방가〉만 겨우 살아남았다 ● 61 4·19혁명에서 왜 〈삼일절 노래〉를 불렀을까? ● 65 대중이 악보 없이 '떼창'할 수 있었던 이유 ● 67

제4장 세종로가 희망으로 눈을 뜨다

'잘 살아보세'라는 새로운 희망을 부추기다●71 '근대적이고 능력 있는 청년 남자'가 탄생하다●75 모던한 서울시청과 화려한 동화백화점●79 '거리의 자식'이 세종로에서 연애를 하다●82 현대적이고 잘사는 삶을 욕망했던 한국인들●85

제5장 서울시민회관, 대중문화를 품다

우남회관에서 세종문화회관까지●91 대중예술로 채워진 서울시민회관●94 패티김의 '바이바이쇼'와 김시스터즈의 내한 공연●97 한국 록 역사에 기록될 만한 '광란의' 공연장●99 대중예술의 전당이 사라지다●102

제6장 공포와 불안감을 조성한 반공주의의 무대

〈홍길동〉과 〈대괴수 용가리〉●109 일본의 '고질라'를 본뜬 '대괴수 용가리' ●111 용가리의 침략은 북한 침공의 메타포●115 반공영화와 국책영화의 시대가 열리다●119 콘크리트조 광화문과 목조건물 광화문●123

제7장 **영자의 뼈아픈 질문**

'옆집에 오신 손님 간첩인가 다시 보자'●129 성매매 여성 영자, 광화문 앞을 거닐다●131 이태원 캐피탈호텔과 여의도 국회의사당●136 창경궁과 숭례문에 대한 연민과 존경●140 고궁의 울부짖음이 들린다●142

제8장 **그들은 자유에 미쳤다**

청년문화를 향유한 '새 나라의 어린이들'●151 중산층 청소년들의 근거지는 종로였다●154 고교 평준화와 재수생들●159 문어처럼 먹물을 뿜어 하얀 순수를 빼앗는 사람들●162 광화문은 추억으로만 '아직 남아 있다'●165

제9장 **세종문화회관에 트로트의 자리는 없었다**

이름도 거룩한 '세종'문화회관●171 공연장도 방송사도 신전이었다●173 대중가요는 감히 들어올 수 없었다●177 세종문화회관에서 노동가요가 울려 퍼지다●180 공공극장은 시민들의 것이다●184

제10장 '구리 이순신'과 '도깨비'

김지하와 '구리 이순신' ● 189   이순신은 왜 무시무시하고 골이 잔뜩 난 모습일까? ● 192   '사방이 차도로 막힌 섬' ● 193   김신과 지은탁은 왜 광화문에서 만났을까? ● 198   광화문은 한류 관광의 '포토존'이 되었다 ● 201

제11장 대통령은 왜 금기였는가?

"잘 돼갑니다" ● 205   감히 대통령을 똑바로 보지 못하는 카메라 ● 207 〈잘 돼갑니다〉가 개봉되지 못했던 이유 ● 209   영화와 드라마에서 대통령이 등장하기 시작했다 ● 214   악한 대통령이 등장했다 ● 219   "오늘 따라 저 기왓장이 더 파랗게 보인다" ● 225

제12장 그해 겨울, 광장은 뜨거웠다

뭇사람의 입은 하늘도 움직인다 ● 231   넥타이 부대의 등장과 〈아침이슬〉 ● 237   광화문 광장이 열리다 ● 240   여중생들의 촛불과 '헌법 제1조' ● 243 진실은 침몰하지 않는다 ● 246

제1장

광장에 촛불이 타오르다

〈아리랑 목동〉이 촛불로 부활하다

　2017년 봄, 광화문 시대가 시작되었다. 대통령 선거가 예정되어 있던 12월보다 무려 7개월이나 이른 5월, 이른바 '장미 대선'으로 선출된 문재인 대통령이 광화문에서 집무를 하겠다고 선언했다. 분주히 일이 돌아갔고 곧 '광화문1번가'를 설치해 국민들에게서 정책 제안을 받았다. 광화문 광장 전체를 '차 없는 거리'로 만드는 안이 검토되었고, 광화문 광장을 중심으로 한 서울역사문화벨트 조성 사업도 화려하게 시작되었다. 광화문은 시쳇말로 가장 '핫한' 공간이 되었다.

광화문 광장이 그야말로 민주주의의 상징이 되었다고 해도 과언이 아니다. '촛불'이란 말이 그런 것처럼 말이다. 2016년 늦가을부터 2017년 봄까지, 추운 겨울을 뜨겁게 달군 광화문 광장의 촛불혁명의 힘이 얼마나 대단한 것이었지 더는 말할 필요는 없으리라. 하지만 광화문 일대가 이렇게 중요한 공간이 된 것은 그 역사적 뿌리가 그리 짧지 않다. 하필 광화문 광장이 촛불혁명의 장소가 된 것은 다 이유가 있기 때문 아니겠는가. 공간뿐 아니라 모든 문화는 오랜 시간 사람들의 흔적이 켜켜이 쌓인 결과다. 역사적 두께는 여러 곳에서 발견된다. 2017년 겨울 광화문 광장에서 불린 노래 한 곡만 들춰보아도 금방 이를 확인할 수 있다.

(후렴) 하야 하야하야 하야하야 하야해
1. 순실이를 옆에 끼고 말아먹은 박근혜야 / 거짓사과 오리발로 제아무리 버텨도 / 동네방네 일어서는 국민들을 이길소냐 / 내려와라 당장 / 하야하라 당장 / 국민들의 목소리를 들려나 주세

최순실과 박근혜의 국정농단 사건이 이슈화되면서 광화문 광장에 모여 박근혜 대통령의 하야(탄핵 절차에 들어가기 전까지 시민들의 요구는 '하야'였다)를 외쳤던 사람들이 가장 빠르게 익

히고 즐겨 불렀던 노래가 바로 이 곡이다. '하야가'라 통칭되는 여러 노래 중에서 가장 사랑 받은 노래가 바로 〈아리랑 목동〉 개사곡改詞曲이다. 개사곡이란 글자 그대로 가사를 바꾼 노래다. '노가바('노래가사 바꿔 부르기'의 줄임말)'라고 하기도 한다.

대개의 개사곡은 누가 만들었는지 알 수 없는 일종의 구전 가요이며, 그래서 광화문 광장에서 불린 〈아리랑 목동〉 개사곡도 꽤 여러 버전이 있다. 이 가사는 그중 하나다. 도대체 왜 이렇게 이 노래가 애창되었을까? 가장 먼저 눈에 띄는 것은 원곡의 가사를 절묘하게 이용해 개사한 솜씨다. 원곡의 가사는 이러하다.

(후렴) 야야 야야야야 야야야야 야야야

1. 꽃가지 꺾어들고 소 멕이는 아가씨야 / 아주까리 동백꽃이 제 아무리 고와도 / 몽매夢寐 간에 생각 사思 자字 내 사랑만 하오리까 / 아리아리 동동 / 스리스리 동동 / 아리랑 콧노래를 불러나 주소

이 곡이 발표될 때의 원래 가사는 이러하지만, 입에서 입으로 내려오면서 '꽃가지 꺾어들고 소 멕이는 아가씨야'가 '꽃바구니 옆에 끼고 나물 캐는 아가씨야'로 바뀌었다. 또 예스러운 표현인 '몽매 간에 생각 사 자'는 비슷한 발음인 '동네방

2016년 겨울 박근혜·최순실 게이트가 터졌을 때 사람들은 광화문 광장에 모여 〈하
야가〉를 불렀는데, 이 노래는 〈아리랑 목동〉의 개사곡이다. © 연합뉴스

네 생각나는'으로 다소 우습게 바뀌어 불린 지 꽤 되었다.

음반을 확인해보면 1960년대 가수인 이미자와 은방울자매
까지는 원래 가사를 제대로 부르고 있지만, 1970년대 가수인
하춘화 이후의 가수들은 모두 '꽃바구니 옆에 끼고 나물 캐는
아가씨야', '동네방네 생각나는'으로 부르고 있다. 이렇게 와
전된 가사를 놓고 보자면, 〈하야가〉의 개사는 그야말로 절묘
하다.

우선 첫 부분 '야야 야야야야'를 '하야 하야하야'를 바꿔 부
르는 대목에서부터 '빵 터진다'. 여기에 '꽃바구니 옆에 끼고'
를 '순실이를 옆에 끼고'로, '동네방네 생각나는'을 '동네방네
일어서는'으로 바꾸었으니, 이 노래를 알던 사람들이라면 그
저 한 번만 들어도 바로 기억된다. 아마 〈하야가〉를 불러본
사람이라면 '노래가 어쩌면 이렇게 입에 착착 붙냐' 하는 생
각을 했을 것이다. 원곡의 가사가 입에 착착 붙도록 만들어졌
는데, 원래 가사를 충분히 살려 입에 착착 붙는 재미를 유지
한 것이다. 최소의 것을 바꾸어 최대의 효과를 거둔 패러디
노래의 수작이다.

노래는 왜 대중을 뜨겁게 하는가?

여기에 나 같은 대중예술 연구자는 한 가지 생각을 더 할 수밖에 없다. 패러디란 원작을 다 알고 있는 사람들에게만 효과가 발휘된다. 그런데 〈아리랑 목동〉은 1950년대에 발표된 옛날 옛적 노래다. 이런 노래가 2016년까지 살아남아 광화문 광장에까지 나오게 된 것은 결코 범상한 일이 아니다. 이 촛불혁명에 불려나온 노래가 하필 〈아리랑 목동〉이었을까 하는 질문을 던져보는 게 당연하다. 어쩔 수 없는 직업병이다.

이 노래의 원곡 〈아리랑 목동〉은 1956년 가수 박단마가 불러 크게 히트한 노래다. 〈감격시대〉, 〈굳세어라 금순아〉의 작사가 강사랑이 가사를 쓰고, 26세의 새파란 작곡가이던 박춘석이 작곡했다. 박춘석은 경기고등학교와 서울대학교 음대를 거친 당시 대중가요계에서는 보기 드문 젊고 학력 높은 작곡가였다. 비슷한 또래인 길옥윤과 이봉조 등의 작곡가가 모두 1960년대에 본격적으로 히트곡을 내놓기 시작한 것에 비해, 박춘석은 고등학생 시절부터 쇼 무대에서 피아노를 연주했고 1950년대 중반부터 히트곡을 내놓기 시작했다.

1950년대 중반이면 여전히 일제강점기의 가왕인 남인수가 〈청춘 고백〉 같은 트로트로 대박 히트를 기록하고, 해방 후 등장한 가수들도 〈군세어라 금순아〉, 〈비 내리는 고모령〉(현인), 〈울고 넘는 박달재〉(박재홍) 같은 트로트로 인기가수가 되던 때였다. 그러니 미국식 대중음악을 구사하고 싶어 하던 젊은 박춘석도 당연히 〈비 내리는 호남선〉(손인호)으로 인기 작곡가 반열에 올랐다. 1970년대까지 그의 작품 경향을 살펴보면, 이미자·남진·문주란 등의 수많은 트로트 히트곡을 작곡한 동시에, 안다성의 〈사랑이 메아리친다〉, 패티김의 출세작 〈초우〉 등 스탠더드팝 경향의 노래까지 폭넓게 작곡했다.

〈아리랑 목동〉은 1950년대의 '핫한' 트렌드, 즉 한국 민요의 선율이나 소재에 스윙재즈나 라틴음악을 섞은 1950년대 스타일의 신민요다. 김정애의 〈오동동 타령〉이나 〈닐니리 맘보〉, 백설희의 〈도라지 맘보〉 등의 노래가 여기에 속한다. 해방과 전쟁을 거치며 미국 대중음악이 물밀듯 들어오면서 1950년대는 아프로아메리칸 음악(스윙재즈, 블루스 등), 아프로쿠반 음악(흔히 라틴음악이라 부르는 차차차, 맘보, 룸바 등)이 크게 인기를 모았던 시기였다. 소설 『자유부인』(1954)이 소재로 삼은 사교춤 역시 이러한 음악의 유행과 맞물려 있었다(1956년에 만든 영화 〈자유부인〉에서도 댄스홀에서 맘보 음악에 맞추어 남녀가 차차차 스텝을 밟는 장면이 나온다). 〈아리랑 목동〉은 전라도 민요의 선율에 스윙재즈를 결합한 노래다. 무려 60여 년 전의 작품이다.

이 노래는 1960년대 이후 체육경기의 응원가로 널리 불렸다. 연세대학교의 대표 응원가가 된 것이다. 연고전이 끝난 날에 두 학교 응원단은 서울운동장(이후 '동대문운동장'으로 이름이 바뀌었고, 지금은 그 자리에 동대문디자인플라자가 세워졌다)에서 열을 지어 서울 시내를 가로질러 뛰어 명동에서 합류했다. 명동을 헤집고 다니며 노래를 부르던 학생들은 그 흥을 주체하지 못하고 광화문 부근 술집까지 '진출'해 고래고래 이 노래를 불렀을 것이다. 연대·고대의 응원은 한국 스포츠 응원 문화의 원형이 되었고, 이 두 학교의 인기 응원가는 프로스포츠 시대에도 널리 불리는 노래가 되었다.

시대가 변하면서 〈소양강 처녀〉, 〈아파트〉, 〈남행열차〉 같은 '불후의 응원가'들이 속속 합류했지만, 역전노장 급인 〈아리랑 목동〉을 완전히 밀어내지는 못했다. 급기야 이 노래는 온 나라를 떠들썩하게 만든 2002년 월드컵 응원까지 달구었다. 2006년 월드컵 때에는 코요태가, 2008년 올림픽 때에는 노브레인이 이 노래를 리메이크해서 취입할 정도로 이 노래는 몇 년에 한 번씩 광화문 광장에서 불렸다.

그러니 〈아리랑 목동〉과 광화문 광장은 이미 여러 번 뜨겁게 만나본 셈이다. 응원가였던 이 노래가 2016년과 2017년에 '하야가'로 재탄생한 것은 큰 반전이긴 하지만, 사실 그리 놀랄 만한 일도 아니다. 집단적으로 부르는 노래가 필요해질 때마다 사람들은 자신들의 문화사적 경험 속에서 적절한 노래를 호출해 새롭게 가공해서 부르기 마련이다. 찬송가의 태반은 이미 존재하던 익숙한 음악을 가져와 가사만 바꾼 것들이고, 일제강점기 독립군들은 심지어 일본 군가까지 가져다가 가사를 바꾸어 불렀으며, 1980년대의 학생운동과 노동운동을 하던 사람들도 〈전선을 간다〉, 〈사나이 한 목숨〉 같은 군가의 가사를 바꿔 불렀다.

세계적으로 좌파들이 시위 때 즐겨 부르는 〈붉은 깃발〉(일명 〈적기가〉)이란 노래는 '소나무야 소나무야 언제나 푸른 네빛'으로 시작하는 독일 노래 〈오, 전나무 O Tannenbaum〉의 가사를 바꾼 것이다. 그러니 이미 대중의 입에 익숙하게 오르내렸던 대중가요가 함께 부르는 응원가가 되고, 다시 시위용 노래가 되는 것은 별로 이상한 일이 아니다.

노래 하나의 역사가 보여주는 켜가 이렇게 층층이 두꺼울진대, 광화문과 세종로라는 공간의 역사적 의미는 얼마나 엄청나겠는가. 대한민국의 역사가 바뀔 때마다 광화문 앞 세종로는 늘 뜨거워졌고, 대한민국이 수립되기 이미 몇백 년 전부터 이곳은 그런 곳이었다.

희망과 고달픔이 녹아 있는 〈경복궁 타령〉

2008년 광화문 광장 조성을 위해 세종로 이순신 장군 동상 뒤편을 파헤쳤을 때 역사 연구자들은 흥분에 휩싸였다. 탄탄한 콘크리트 밑에 묻혀 있던 육조六曹거리가 나타난 것이다. 콘크리트 포장을 한 표층부터 자연이 만들어놓은 밑바닥의 지층까지 무려 8미터였다. 자연층 위에는 조선 건국 초기부터 임진왜란 시기, 경복궁 중건 시기, 20세기 이후까지 차곡차곡 쌓여 있었다. 조선시대 육조거리의 흔적부터 1968년에 사라진 전찻길의 흔적까지 켜켜이 나타난 것이다.

육조거리는 조선의 정궁正宮 경복궁의 대문인 광화문 앞부터 당시 황토마루라 불렸던 지금의 광화문 네거리에 이르는 길을 가리킨다. 이성계가 1394년 한양으로 천도를 결정하고 바로 경복궁 공사를 시작해 1395년 말에 경복궁에 들어왔다. 남북으로 뚫린 이 길은 폭이 무려 17미터다. 현재 광화문 광장 폭의 절반밖에 안되기는 하나, 당시에는 조선팔도에서 가장 넓은 길로 어가御街의 위용을 자랑했다. 〈아리랑 목동〉이 세종로 콘크리트층에 배어든 노래라면, 다음의 노래는 그 아래의 어느 켜에 스며들어 있는 노래다.

남문을 열고 파루를 치니 계명 산천이 밝아온다

(후렴) 에 에헤 에야 얼럴럴거리고 방아로다 에

을축 사월 갑자일에 경복궁을 이룩하세

(후렴) 에 에헤 에야 얼럴럴거리고 방아로다 에

우광쿵쾅 소리가 웬 소리냐 경복궁 짓는 데 회灰방아 찧는 소리다

(후렴) 에 에헤 에야 얼럴럴거리고 방아로다 에

조선 여덟도 유명한 돌은 경복궁 짓는 데 주춧돌감이로다

(후렴) 에 에헤 에야 얼럴럴거리고 방아로다 에

경복궁 역사가 언제나 끝나 그리던 가속家屬을 만나나 볼까

(후렴) 에 에헤 에야 얼럴럴거리고 방아로다 에

수락산 떨어져 도봉이 생기고 북악산 줄기에 경복궁 짓네

(후렴) 에 에헤 에야 얼럴럴거리고 방아로다 에

경기민요인 〈경복궁 타령〉으로 고종 집권 초기에 흥선대원군이 경복궁을 중건할 때에 나온 민요라 알려져 있다. 경복궁은 조선조의 정궁으로 가장 먼저 지어졌지만, 태종 이후 여러 궁궐을 지어 왕의 거처가 옮겨갔고 임진왜란으로 불타 정궁의 위엄을 잃었다. 그러던 것을 조선 말에 흥선대원군이 국가재정을 털어넣고 전국에서 일꾼들을 차출하는 엄청난 부담을 무릅쓰고 경복궁 중건이라는 대역사를 감행한다. 허물어져가는

왕실의 위엄을 세우기 위해서였을 것이다. 그래서일까. 〈경복
궁 타령〉에는 희망과 고달픔이 함께 느껴진다.

가사에서처럼 수락산 자락이 서쪽으로 뻗어 도봉산으로 이
어지는데, 이 산줄기는 서남쪽으로 뻗어내려 북한산(삼각산)
백운대로 이어진다. 그 바로 남쪽의 작은 산이 북악산이다.
이 북악산을 등받이 삼아 세운 궁궐이 경복궁이다.

'새 도읍의 지형이 뛰어나도다'

경복궁을 중심으로 서울을 보면 배산임수背山臨水와 좌청룡
우백호左青龍右白虎의 지형이 두 겹으로 선명히 포착된다. 작게
는 북쪽의 북악산에, 좌청룡과 우백호로 낙산과 인왕산이 놓
여 있다. 낙산은 창신동 북쪽부터 이화동·동숭동까지의 산
인데, 지금은 산이라고 거의 느껴지지 않을 정도다. 인왕산은
독립문과 홍제동 사이의 산으로 낙산보다 훨씬 험해 아직도
산의 위용을 보이고 있다. 경복궁의 남쪽으로 청계천이 흐르
고, 그 너머에 부드러운 토산土山인 남산이 책상처럼 놓여 있
다(이런 산을 안산案山이라 한다). 이것만으로 좌청룡우백호와 배
산임수, 주산主山과 안산의 구도가 완벽하다.

그런데 더 크게 보면 북악산과는 비할 바 없이 높고 험한

북한산이 등 뒤에서 버텨주고 있고 좌측으로 아차산, 우측으로 망월산으로 연결되는 산자락이 둘러싸고 있다. 남쪽에 거대한 강인 한강이 흐르고, 그 너머에 커다란 관악산이 놓여 있다(관악산의 불 기운火氣이 하도 강해 광화문 앞에 해치상을 놓고 남대문인 숭례문 현판을 세로로 달아 불꽃 형상의 숭崇의 불 기운으로 관악산 화기에 맞불을 놓았다는 것은 잘 알려진 이야기다).

정도전의 〈신도가新都歌〉에서 '알픈 한강수여 뒤흔 삼각산이여(앞은 한강수여 뒤는 삼각산이여)'라고 노래한 그대로다. 이렇게 서울은 이중분지의 지형 속에 놓인 도시다. 이 지형을 보고 있노라면 정도전이 '신도형승新都形勝이다(새 도읍의 지형이 뛰어나도다)', '잣다온뎌 당금경當今景 잣다온뎌(도성답도다 지금 이 풍경 도성답도다)'라고 감탄한 〈신도가〉의 가사가 결코 상투적 표현이 아니다 싶다.

경복궁의 동서쪽으로는 좌묘우사左廟右社의 원칙에 따라 종묘와 사직단을 배치했다. 좌측인 동쪽에 조상신들을 모시고 우측인 서쪽에 땅과 곡식의 신을 모신 것이다. 지도를 펴놓고 보면 경복궁은 이 구도의 중심에 자리 잡고 있다. 이후 세워진 창덕궁, 창경궁, 경희궁, 경운궁(덕수궁) 등 다른 어느 궁궐도 경복궁 같은 완벽한 균형점에 있는 궁궐은 없다.

육조거리는 부지런히 정사를 돌보겠다는 의미의 근정전勤政

육조거리는 광화문을 나와 두 마리의 해치상을 지나자마자 남쪽으로 펼쳐지는데, 의정부, 육조, 한성부 등 주요 관청들이 자리 잡은 곳이어서 육조거리라 불렸다. 조선시대 말의 광화문과 육조거리.

殿에서 궁궐 대문인 광화문을 나와 두 마리의 해치상을 지나자마자 남쪽으로 펼쳐진다. 의정부, 육조, 한성부 등 주요 관청들이 자리 잡은 곳이어서 육조거리라 불렸다. 지금의 정부종합청사 자리에는 예조, 그 맞은편에 의정부 건물이 있었고, 미국문화원과 대한민국역사박물관 자리에는 한성부, 그 맞은편에 사헌부와 병조가 있었다고 한다. 그 육조거리의 끝은 종로로 이어진다. 종루鍾樓가 있는 길이란 뜻으로 종가鍾街, 운종가雲從街라고도 했다. 상인들의 터전이 바로 이곳이다.

역사적으로 힘이 축적된 광화문 광장

이렇게 14세기 말부터 지금까지 이곳은 한반도 전체를 대표하는 가장 중요한 공간이 되었다. 임진왜란으로 광화문이 불타 250년 동안 방치되기도 했고, 국격을 세운다며 흥선대원군이 무리하게 경복궁을 중건하다가 가뜩이나 망가진 나라 경제를 더 엉망진창으로 만들기도 했다. 힘들게 지은 경복궁에 잠시 들어와 살던 고종이 명성황후 시해사건(을미사변)으로 이곳에서 도망치면서 조선은 결정적으로 기울어 패망했고, 급기야 조선총독부가 들어서고 경복궁의 정문인 광화문이 해체되었다.

그리고 '광화문통'이란 일본식 거리 이름으로만 광화문이 있던 곳임을 알려주던 시대가 수십 년 이어졌다. 박정희 정권 때 한글 현판을 단 광화문이 세워지고, 문민정부 시대에 조선 총독부 건물이 해체되고, 지금의 목조건물 광화문이 제 위치에 놓이기까지 이곳의 역사는 고스란히 한반도의 역사를 보여주고 있다. 그리고 이 긴 세월의 역사는 광화문 광장의 땅 아래에 켜켜이 쌓여 있다.

2017년 바로 이곳에서 세 번째 시민혁명을 통해 탄생한 정부가 '광화문1번가'의 정치를 펴겠다고 선언했다. 이런 땅의 힘을 가진 곳이 대한민국을 통틀어 다시없다는 것을, 바로 그 상징성을 잘 알고 있기 때문일 것이다. 시민들이 2016년에서 2017년으로 넘어오는 겨울밤을 하필 이곳에서 보내게 된 것은 바로 이 엄청난 땅의 힘 때문이다. 그뿐일까. 아마 태극기 부대의 시위가 서울시청 앞에서 광화문 방향으로 전진하며 세종로의 한 부분을 차지하고 있었던 것도 마찬가지 이유다.

2017년에는 이 두 시위가 같은 평면 안에서 진행되었지만, 한편으로 보면 이들은 광화문 광장에 수직으로 켜켜이 쌓인 역사의 산물이다. 그리고 이 모습은 대중예술사 속에서도 확인된다. 앞서 맛본 몇 노래에서 확인되듯, 광화문과 세종로는 이렇게 대중이 즐겼던 노래와 공연, 영화 속에 나타났다 사라지기를 반복했다. 〈신도가〉는 가장 아래층에, 〈경복궁 타령〉

은 중상층에, 〈아리랑 목동〉은 표층에 뒤얽혀 있는 노래인 셈이다. 이제부터 시작하는 대중예술사를 통해 보는 광화문·세종로 이야기는 이렇게 켜켜이 쌓인 역사를 대중의 삶과 감수성 속에서 확인하고자 하는 것이다. 차근차근 그 켜를 들춰보려고 한다.

제2장

울어라 은방울아, 세종로가 여기다

조선총독부에서 국립중앙박물관까지

영화 〈모던 보이〉(정지우 감독, 2008) 초반부에 조선총독부 건물이 등장하는 장면을 기억하는가? 일제강점기의 시인 백석의 헤어스타일을 고스란히 본뜬 멋진 모습의 남자주인공 해명(박해일 분)이 자기 차를 직접 운전해 조선총독부 앞 큰길가에 세워놓고 조선총독부로 출근하는 장면 말이다. 그 앞으로 인력거와 행인들이 한가로이 거닐고 있어 더욱 인상적인 풍경으로 기억된다. 이 조선총독부 장면이 유독 신선하게 보인 것은 가까이 하기 힘든 권위적인 관청이 아닌 조선인이 출퇴근하는 일상의 공간으로 그려졌기 때문일 것이다.

이 건물은 엔간해서는 이런 방식으로 비춰지지 않았다. 아니 '방식'을 따질 정도도 못 된다. 뉴스를 제외하고 도대체 화면에 포착되지 않는 공간이 조선총독부 건물이다. 외양은 꽤나 멋지다. 그렇지만 대중가요나 극영화에 등장하는 빈도가 아주 낮다. 대중예술에서 흔히 다루는 사랑이니 가족이니 하는 이야기들과 어울리지 않는 곳, 보통 사람들이라면 거대한 힘에 지레 짓눌려 편치 않은 곳이기 때문일 것이다.

조선총독부 건물로 신축된 것이 1916년이고, 해방 후 미군정청, 정부 수립 이후 대한민국 중앙청으로 사용되며 정치권력의 핵심이 자리했던 곳이다. 그러니 그게 어떻게 보통 사람들에게 편안한 건물일 수 있었겠는가? 대한민국 중앙청에서 국립중앙박물관으로 그 용도가 바뀐 것이 1986년이다. 그 박물관의 개관이 8월이었는데, 개관하자마자 무더위에도 수많은 관람객이 밀어닥쳤다.

그것은 아마 그 안에 전시된 유물에 대한 궁금증이 아니라, 이제 비로소 일반인의 접근이 가능해진 그 공간에 대한 궁금증 때문이었을 것이다. 금기의 영역은 늘 대중의 호기심을 불러일으키기 마련이다. 노무현 정부 시절인 2003년 4월 대통령의 별장인 청남대가 공개되자마자 관광객이 몰려들었던 것처럼 말이다.

'총후'란 말을 아시나요?

일제강점기 영화에도 조선총독부와 그 앞길인 '광화문통'
은 좀처럼 등장하지 않았다. 그저 〈총후의 조선〉(1938) 같은
다큐멘터리 영화에서나 잠깐 그 모습이 비춰질 뿐이다. 조선
총독부가 제작한 이 영화는 1937년에 일본이 중국을 침략하
면서 시작된 중일전쟁에서 승리할 것을 다짐하는 전쟁홍보영
화다. '총후銃後'란 말이 좀 낯설 수 있겠다. '총의 뒤', 즉 전쟁
터가 아닌 후방後方을 의미하는 말로 일본이 전쟁에 열을 올린
일제강점기 말에는 '총후 부인(전선 후방에 있는 여자라는 의미로,
민간인 여성을 전쟁을 도울 의무를 지닌 존재로 의미화하는 말)' 같은
방식으로 아주 흔하게 쓰인 말이었다.

다큐멘터리 영화 〈총후의 조선〉에는 전쟁에 지원하는 조선
인 병사들을 태운 군용열차가 깃발 흔드는 군중의 전송을 받
으며 떠나고, 부녀자들이 금비녀를 뽑아 전쟁 비용으로 헌납
하고, 여자들이 훈련병을 위한 도시락·빨래·이발·위문대慰
問袋(후방의 국민들이 군인에게 보내는 위문품으로 소소한 물품들을 넣은
헝겊주머니) 봉사를 하는 장면 등이 포착되어 있다. 이 영화에

1916년 신축된 조선총독부 건물은 해방 후 미군정청, 정부 수립 이후 대한민국 중앙
청으로 사용되며 정치권력의 핵심으로 자리 잡았다.

서 조선총독부 건물은 잠깐 비춰지는데, 미나미 지로南次郎 총독이 각도 도지사를 불러 시국에 관한 훈시를 내리는 조선인 지원병을 격려하는 장면에서다. 조선총독부 건물은 이렇게 총독이 주도하는 국가적 행사 정도는 되어야 비춰질 수 있는 것이다. 조선총독부 건물에는 총독만이 아니라, 온갖 종류의 사무원과 기술자 등도 함께 근무하고 있었을 텐데도 말이다.

다큐멘터리 영화가 이 정도이니 일반 극영화에서는 조선총독부 건물과 광화문통이 거의 발견되지 않는다. 친일적 내용의 영화에서도 마찬가지다. 예컨대 〈지원병〉(안석영 감독, 1941), 〈조선해협〉(박기채 감독, 1943) 같은 영화만 보아도 그렇다. 〈지원병〉은 삶의 출구를 찾지 못해 고민하는 조선인 농촌 청년 춘호가 '큰 꿈'이 있다며 지원병에 나간다는 줄거리를 지닌 친일적인 영화다. 이 영화의 대부분은 농촌을 배경으로 하고 있는데, 주인공 춘호가 고민스러운 표정으로 서울 거리를 걸어다니는 장면이 있다. 그런데 이 장면에서 기껏 경성부청(서울시청) 앞 정도가 비춰질 뿐이다.

〈지원병〉에 비해 훨씬 더 매끈하게 잘 정리되어 있는 '웰메이드' 영화 〈조선해협〉에서도 그렇다. 부잣집 둘째 아들인 세키(조선인이지만 창씨개명을 해서 이렇게 불린다)가 부모가 반대하는 여자와 동거하고 살고 있다가, 형의 전사 소식을 듣고 충격을 받아 자랑스러운 황군이 되기로 마음먹고 군인이 된다. 그동안 아내 긴슈쿠(역시 조선인이다)는 혼자 아이를 낳고 군수물자를 만드는 봉제공장에서 총후 부인으로 열심히 일한다. 이렇게 이들은 충실한 황민이 됨으로써 가정 안에서의 갈등도 해결된다.

혼자 아이를 낳은 긴슈쿠가 전장으로 떠나는 기차역에서 아기를 안은 채 세키를 찾아 뛰어다니다가 결국 만나지 못하는 장면은 이 영화에서 가장 애틋한 장면이다. 이 영화에서는 세키를 포함한 지원병의 서울 시가지 행진 장면이 나온다. 그러면 광화문통이 한번쯤은 비쳐질 만하지 않은가. 그렇지만 영화의 카메라는 태평로 거리로 살짝 비껴 있다. 그만큼 조선총독부 건물은 감히 함부로 포착하기 힘든 피사체였던 모양이다.

'독립의 종소리는 언제 우느냐'

그런 점에서 해방 후에 등장한 대중가요 〈울어라 은방울〉이 당당하게 세종로 거리를 그려낸 것은 결코 허투루 보아 넘길 일이 아니다.

1. 해방된 역마차에 태극기를 날리며 / 누구를 싣고 가는 서울 거리냐 / 울어라 은방울아 세종로가 여기다 / 삼각산 바라보니 별들이 떴네

2. 자유의 종이 울어 8·15는 왔건만 / 독립의 종소리는 언제 우느냐 / 멈춰라 역마차야 보신각이 여기다 / 포장을 들고 보니 종은 잠자네

3. 연보라 코스모스 앙가슴에 안고서 / 누구를 찾아가는 서울 색시냐 / 달려라 푸른 말아 덕수궁이 여기다 / 채찍을 휘두르니 하늘이 도네

— 장세정, 〈울어라 은방울〉(조명암 작사, 김해송 작곡, 1948)

1절부터 가슴이 벅차오르는 느낌을 받게 된다. 일본식 이름 '광화문통' 대신, 새 이름 '세종로'를 거명한 것도 그렇거니와, 광화문 로터리에 서서 삼각산 방향을 바라보는 시선이 남다르기 때문이다. 노래에서 일일이 거론하지 않았지만, 이 앵글로 포착된 장면을 상상하면 넓은 세종로 전체와 미군정청으로 바뀐 조선총독부 건물, 그 뒤에 버티고 있는 삼각산까지 꽉 찬 미장센이 떠오른다.

이 노래의 이미지는 묘하게 심훈의 시 「그날이 오면」을 연상시킨다. 물론 「그날이 오면」은 〈울어라 은방울〉과는 비교

할 수조차 없이 격한 감정을 드러내고 있기는 하지만 말이다.
특히 다음의 2연이 그렇다(발음이 크게 바뀌지 않는 한 현대 맞춤법
에 맞게 수정했다).

그날이 와서 오오 그날이 와서 / 육조六曹 앞 넓은 길을 울며 뛰며 뒹
굴어도 / 그래도 넘치는 기쁨에 가슴이 미어질 듯하거든 / 드는 칼
로 이 몸의 가죽이라도 벗겨서 / 커다란 북을 만들어 들쳐 메고는 /
여러분의 행렬行列에 앞장을 서오리다 / 우렁찬 그 소리를 한 번이라
도 듣기만 하면 / 그 자리에 꺼꾸러져도 원願이 없겠소이다.
- 심훈,「그날이 오면」

이 시는 1930년 즈음에 집필된 것으로 추정되며, 1932년
에 시집으로 출간하려다 검열로 좌절된다. 심훈은 1936년에
타계했고, 이 시집은 광복 이후인 1949년에야 출간되었다.
아무리 '일본'이나 '해방' 같은 단어가 등장하지 않는다 할지
라도 이 정도 내용의 '불온한' 시를 감히 시집으로 내겠다고
계획했다는 게 이해가 되지 않을 정도로 격한 톤의 시다.
앞에 인용한 2연에서 '그날'을 가장 감격적으로 표현하는
공간이 바로 육조거리, 즉 지금의 세종로다. 이에 앞선 1연에
서는 '삼각산이 일어나 더덩실 춤이라도 추고'라고 노래했으

니, 광화문 네거리에서 조선총독부 건물과 경복궁, 그 뒤편의 삼각산까지를 잇는 그 공간 감각이 〈울어라 은방울〉과 꼭 닮았다.

'아세아의 바람아 서울의 꿈을 깨라'

〈울어라 은방울〉은 「그날이 오면」이 발표된 때보다 한 해 이른 1948년에 나왔다. 1948년은 아주 심상찮은 해年다. 일제가 물러가기는 했지만 아직 독립국가가 되지는 못했고, 게다가 남북의 분단이 현실화되고 있던 때다. 그래서일까. 이 노래의 2절은 꽤 심상찮다. 1절의 감격과는 대조적으로, 답답하고 암울한 정치적 상황이 '잠자는 보신각 종'으로 이미지화되어 있다. 아무리 1948년의 노래라 할지라도 대중가요에서 감히 이런 정도의 형상화를 해냈다는 것이 꽤나 놀랍다. 창작자를 궁금해하며 찾아볼 만한 수준인 것이다.

작사자는 조명암, 작곡자는 김해송이다. 일제강점기 대중가요의 스타 창작자였지만 옛 대중가요에 깊은 관심이 없다면 다소 생소한 이름일 것이다. 둘 다 분단과 함께 남한에서 사라진 이름이기 때문이다. 김해송은 〈목포의 눈물〉로 유명한 이난영의 남편, 즉 김시스터즈의 아버지다. 뛰어난 가수이

기도 한 그는 작곡자로도 매우 뛰어났다. 이난영의 〈울어라 문풍지〉 같은 트로트도 잘 지었고 무엇보다도 재즈나 블루스 계열의 음악을 다루는 능력이 당대 최고였다. 해방 후 KPK악 극단을 이끌며 활발히 활동하다가 전쟁과 함께 실종되었고, 한동안 월북자로 간주되어 남한에서 이름이 사라졌다.

이에 비해 조명암은 명확한 월북자다. 일본 와세다대학에서 유학하며 대중가요 가사와 대중적인 희곡을 썼던 그는 일제강점기 박영호와 쌍벽을 이루는 최고 작사가였다. 〈알뜰한 당신〉, 〈선창〉, 〈꿈꾸는 백마강〉, 〈고향초〉 등 히트곡은 이루 셀 수 없을 정도다.

〈짝사랑〉('아 으악새 슬피 우니 가을인가요'로 시작하는), 〈연락선은 떠난다〉, 〈역마차〉 등의 가사를 지은 박영호는 1920년대에 프로 연극운동을 했고 대중성과 예술성을 함께 지닌 뛰어난 희곡작가였다. 그래서인지 선이 굵고 연극적인 설정을 잘 하는 작사가였고, 월북 후 6·25전쟁 중에 타계했다.

그에 비해 시 쓰기가 주 장기인 조명암은 말맛과 섬세한 감정과 감각을 살리는 데에 탁월했다. 1948년 월북했고 북한에서도 희곡작가로 승승장구해 문화성 부상, 문학예술총동맹 부위원장, 김일성상 계관인 등 출세를 거듭했고 80세까지 장수했다. 그가 쓴 대중가요 가사는 대중가요의 특성상 사회적 관심이 두드러지지는 않는다. 하지만 그의 데뷔작을 보면 그가 사회적 관심이 꽤 있는 청년이었음을 짐작할 수 있다. 『동아일보』 신춘문예에 '유행가' 부문으로 가작을 받은 〈서울 노래〉가 그것이다.

1. 한양성 옛 터전 옛날이 그리워라 / 무궁화 가지마다 꽃잎이 집니다

2. 한강물 푸른 줄기 오백년 꿈이 자네 / 앞 남산 봉화불도 꺼진 지 오랩니다

3. (발표 때 1행 생략) / 종소리 스러진 밤 나그네가 웁니다

4. 밤거리 서울 거리 네온이 아름답네 / 가로수 푸른 잎에 노래도 아리랑

5. 사롱 레스토랑 술잔에 띄운 꽃잎 / 옛날도 꿈이어라 추억도 쓰립니다

6. 꽃 피는 삼천리 잎 트는 삼천리 / 아세아의 바람아 서울의 꿈을 깨라

– 조명암, 〈서울 노래〉, 『동아일보』(1934년 1월 3일)

꽃잎 지는 무궁화, 스러진 종소리, 꺼진 봉홧불은 말할 것도 없이 망해버린 조선의 형상이다. 특히 종소리, 잠, 꿈 등은 〈울어라 은방울〉에서도 중요하게 쓰인 시어라는 점에서 주목할

만하다. 취입될 때는 4절로 압축되었는데 그나마 금지처분을 받았고, 망한 조선을 형상화한 대목들이 두루뭉술하게 '순화' 되어 다시 발표되었다. 이 노래가 '대중가요답지 않은' 정치적 관심을 드러내고 있어 불온하다고 판단했을 것이다.

하지만 조선을 잠들어 꿈꾸는 상황으로 보고 '아세아의 바람'이 이를 깨워야 한다고 노래한 이 내용을 저항·항일·독립 의지의 표현이라 단순하게 해석하기는 좀 힘들다(사실 이렇게 항일의 의미로 해석하는 연구자들도 없지 않다). 20세기 초부터 저항적 지식인들에게 존재했던 아시아 연대의 논리가 만주사변 즈음의 '오족협화五族協和(만주국 설립의 이데올로기로 '오족'이란 일본인, 조선인, 중국의 한족과 만주족, 몽골족을 의미한다)', 중일전쟁기의 '동아신질서', 태평양전쟁기의 '대동아공영권' 등 일제의 침략 이데올로기로 흡수되었기 때문이다. 노래의 발표 연대가 1934년이니 친일적 노래라 단정하기는 힘들지만 그렇다고 반일·해방을 지향한다고는 결코 볼 수 없고, 몇 년 후에 친일적 논리로 변질될 가능성이 있는 관점이라 판단하는 것이 합리적이다.

〈울어라 은방울〉에는 광화문이 없다

공개적인 활동을 유지했던 대부분의 대중예술 창작자들이 그러했듯, 조명암은 일제강점기 말에는 〈아들의 혈서〉, 〈결사대의 아내〉, 〈지원병의 어머니〉(변안) 등 적극적 친일 작품을 썼다. 그리고 해방 후 〈울어라 은방울〉로 다시 자신의 정치적 관심을 드러냈지만, 이 원래 가사는 오래가지 못했다. 남한 땅에서 두 창작자가 사라졌기 때문이다. 이 노래는 월북 작가 작품으로 금지될 처지에 놓이자, 반야월(박남포)이 개사하고 김해송의 처남인 이봉룡이 편곡하는 방식으로 조명암·김해송의 이름을 지웠다. 이렇게 해서라도 노래를 살아나게 해야 할 정도로 대박 인기곡이었던 것이다.

1. 은마차 금마차에 태극기를 날리며 / 사랑을 싣고 가는 서울 거리냐 / 울어라 은방울아 세종로가 여기다 / 인왕산 바라보니 달빛도 곱네

2. 연보라 코스모스 가슴에다 안고서 / 누구를 찾아가는 서울 색시냐 / 달려라 은마차야 보신각이 여기다 / 가로수 흔들흔들 네온 빛 곱다

3. 성당의 음악종이 은은히도 들리면 / 자유가 나래치는 서울 지붕

〈울어라 은방울〉에는 '덕수궁'이 등장하는데, 을미사변 당시 고종은 이곳에 머물렀
고, 이곳에서 세상을 떠났다. 그의 운구 행렬도 이곳에서 출발했다.

밑 / 뭉쳐라 젊은 가슴 새 희망을 위하여 / 건설에 청춘복지 어서 달
리자

  - 장세정, 〈울어라 은방울〉(박남포 개사, 이봉룡 작편곡)

첫 시작부터 김이 빠진다. 감격적이고 선명한 의미를 지닌
'해방된 역마차'에서 말 재미에 치우친 '은마차 금마차'로 바
뀌었다. 창작자의 '자유의 종', '독립의 종소리', '종은 잠자네'
로 이어지며 작가의 정치적 관심을 집약해놓은 2절은 통째로
사라졌다. 대신 서양적 이미지인 '성당'을 넣었고, 건전가요
에 자주 등장하는 '건설', '뭉쳐라 젊은 가슴' 등을 배치함으
로써 대한민국 정권에 위해危害를 끼치지 않는 노래임을 노골
적으로 과시한다.

흥미로운 대목은 노래 속 세종로에 정작 광화문이 등장하지
않는다는 점이다. 당연하다. 1948년에 그곳에는 광화문이 없
었다. 2017년 방영된 텔레비전 드라마 〈시카고 타자기〉(tvN,
진수완 극본, 김철규 연출)에서 1930년대에 독립운동을 하다 죽
은 유령이 2010년대 서울에 나타나 '조선총독부 건물이 사
라진 광화문을 보고 싶다'며 관광을 나서는 장면이 나온다.

그러나 사실 1930년대에는 육조거리에 이미 광화문이 사
라진 상태였다. 일제가 조선총독부 건물을 세우면서 경복궁

의 정문인 광화문을 경복궁의 동문인 건춘문 북쪽으로 옮겨 놓았기 때문이다. 〈울어라 은방울〉, 「그날이 오면」에서 육조 거리, 세종로, 삼각산이 거론되면서도 광화문이 등장하지 않는 것은 그런 까닭이다.

이런 정황을 보자면 〈울어라 은방울〉 3절의 '덕수궁'도 범상히 보아 넘길 일이 아니다 싶다. 많은 궁궐 중 하필 왜 덕수궁이었겠는가. 명성황후 시해사건을 계기로 러시아공사관으로 피신해 있던 고종은 경복궁으로 환궁하지 못하고 그 바로 옆에 있는 덕수궁(당시 이름은 경운궁)에 머물렀다. 러시아, 영국 등 강대국의 공사관으로 둘러싸인 이곳에 왕이 머무는 동안 나라는 망했고, 마지막 두 임금이 이곳에서 세상을 떴다. 즉, 고종과 순종의 운구 행렬이 덕수궁에서 출발했던 것이다.

그러니 두 임금의 인산因山을 경험한 이 시대 사람들에게 덕수궁은 비운의 궁궐로 각인되었을 것이다. 이런 정황을 생각하면 이 노래의 공간 선택이 더욱 의미 있게 다가온다. 1절에서 해방과 더불어 세종로와 삼각산을 먼저 노래한 것은 그만큼 각별한 의미로 읽히는 것이다.

제3장

대통령 찬가에서 독립행진곡까지

박목월의 '이승만 찬가'

해방 후에 대중가요에서 잠깐 위풍당당하게 모습을 보여주었던 세종로와 삼각산은 1948년 정부 수립과 함께 다시 작품에서 사라졌다. 옛 조선총독부 건물은 미군정청을 거쳐 대한민국 정부의 위풍당당한 중앙청이 되었지만, 바로 그 위풍당당함이야말로 대중을 주눅 들게 만들었을 것이 분명하다. 세종로 앞길에서 감격과 착잡함을 한껏 드러냈던 〈울어라 은방울〉 같은 대중가요는 더는 나오지 않았다.

6·25전쟁으로 중앙청 건물에 붉은 기와 김일성·스탈린의

얼굴이 걸렸고, 몇 달 후 그것이 내려지고 또 몇 달 후에 올라가고 내려왔다. 이곳에서 불렸던 노래도 몇 달 간격으로 바뀌었을 것이다. '동해물과 백두산이……'가 불렸다가 얼마 후 '장백산 줄기줄기 피 어린 자국……'(〈김일성 장군의 노래〉)이 불렸을 테고, 또 세상이 뒤집혀 〈애국가〉가 불렸을 것이다.

이런 과정을 겪으며 바라본 세종로가 해방 때만큼 감격스러웠을지는 의문이다. 말은 '서울 수복'이지만 상처투성이였고 폭격 맞은 서울은 폐허더미였다. 전쟁을 소재로 한 영화 〈이 생명 다하도록〉(한운사의 동명의 라디오드라마를 영화화했다. 신상옥 감독, 1960)에는 잔해만 남은 집터에서 주인공 여자가 막막한 표정을 짓는 장면이 나온다. 나는 이 장면이 아주 인상 깊었다.

다른 장면이야 얼마든지 세트를 만들어 촬영할 수 있었겠지만, 폭격으로 집들이 허물어진 폐허는 영화를 위해 일부러 만든 게 아닌 것으로 보였기 때문이다. 영화가 만들어진 것이 1960년인데도 아직 이런 장면을 생생하게 찍을 장소가 있었다고 보는 게 옳다. 거의 10년이 되도록 다 복구되지 못할 만큼 상태가 심각했다는 의미다. 그러니 중앙청 건물만 멀쩡하면 뭐하겠는가. 외양으로는 여전히 위풍당당했지만, 그런 중앙청은 그저 '대한늬우스'에서나 비춰주는 곳이었다.

이로부터 10여 년 후 그곳은 대중이 부르는 노랫소리로 역사가 뒤집어지는 공간이 되었다. 다름 아닌 1960년 4·19혁명이다. 그때 학생들은 어떤 노래를 부르며 스크럼을 짜고 행진했을까? 이 이야기를 하기 전에, 이로부터 5년 전 권력의 중심지인 경무대(현재 청와대)에서 불렀을 노래 한 곡을 먼저 이야기해야겠다. 이 노래는 동영상을 곁들여 직접 들어보는 것이 좋다. 유튜브에서 '우리 대통령 이승만 대통령 찬가'라고 검색하면 흑백필름 영상과 함께 감상할 수 있다.

1. 우리나라 대한나라 독립을 위해 / 여든 평생 한결같이 몸 바쳐 오신 / 고마우신 이 대통령 우리 대통령 / 그 이름 길이길이 빛나오리다
2. 오늘은 이 대통령 탄생하신 날 / 꽃 피고 새 노래하는 좋은 시절 / 우리들의 이 대통령 만수무강을 / 온 겨레가 다 같이 비옵나이다
3. 우리들은 이 대통령 뜻을 받들어 / 자유 평화 올 때까지 멸공전선에 / 몸과 마음 바치어 용진할 것을 / 다시 한번 굳세게 맹세합시다
- 〈우리 대통령〉(박목월 작사, 김성태 작곡, 1955)

어린이들의 목소리로 불린 이 노래는 SP음반(78회전 음반) 시대 끄트머리였던 1950년대 음반으로는 아주 드물게 LP음반(33⅓회전 음반)으로까지 제작되었다. 강의 때 이 노래를 그저 가사만 소개해도 '북한 같아요'라는 반응이 나온다. 노래

이승만 정권의 독재를 끝낸 4·19혁명 당시 시위 현장에서는 〈애국가〉, 〈삼일절 노래〉, 〈광복절 노래〉 등 다양한 노래가 불렸다. 1960년 4월 25일, '학생의 피에 보답하라'고 외치면서 거리로 나선 대학 교수들.

가 흘러나오는 동영상까지 보여주면 경악과 실소가 함께 터져나온다.

작사자와 작곡가 이름까지 소개하면 수강생들은 놀랍고 허탈하다는 한숨을 터뜨린다. 중고교 교과서에 수록된 '구름에 달 가듯이 가는 나그네' 같은 유명한 시, '가시밭에 한 송이 핀 백합화' 같은 유명한 노래를 지었던 유명 예술가들이 이런 노래를 지었다는 게 정말 놀랍다는 반응이다. 그런데 이런 일을 한 유명 예술인은 이분만이 아니라 매우 많다. 예술가가 특정 정치인을 지지했다는 것이 문제라고 할 수는 없다. 정말 정치적으로 공감하고 동의해 지지했다면야 소신에 따른 일이고, 그 정치적 책임을 지면 될 일이다.

그러나 그저 정권을 쥔 권력에 '부역'하는 일이었다면 이야기는 다르다. 게다가 대통령 개인에 대한 찬양 노래를 짓는 일이란, 특정 정치인의 지지와는 다소 거리가 있는 일이 아닌가. 〈우리 대통령〉을 지은 박목월과 김성태는 흥미롭게도 8년 뒤인 1963년 박정희 대통령의 취임식에 맞춰 또 〈대통령 찬가〉를 지었다. 이들의 행동이 정치적 소신의 산물이 아니라 권력에 부역하는 일이라고 판단하게 되는 것이다. 새로 만들어진 〈대통령 찬가〉는 전두환 대통령 시대까지 국가 행사의 대통령 입장 때 늘 연주되었다.

이승만의 탄신 행사

1955년 3월 26일 10시부터 서울운동장에서 '80세 탄신' 경축식이 벌어졌다. 노래하는 합창단 규모만 1,000명이었다. 숙명여자고등학교 학생들은 대통령의 만수무강을 기원하는 부채춤을 추고 이승만의 모교인 배재고등학교 학생들이 집단 체조를 했다. 이 모습은 앞서 언급한 동영상에 생생히 기록되어 있다. 서울 시내에는 꽃버스와 꽃전차가 달렸고 집집마다 태극기를 게양했다. 물론 임시 공휴일이었다. 한 정치인의 사적인 생일이 국경일처럼 취급된 것이다.

이승만 대통령이 3시 30분에 방송어린이합창단을 접견했으니, 아마 이 합창단이 경무대에서 〈우리 대통령〉을 불렀을 것이다. 심지어 학생들에게 축시祝詩도 공모했다. 『경향신문』에 게재된 광주 계림초등학교 2학년 학생의 축시는 '머리털 하야신 우리 대통령 / 교실에만 가며는 매일 뵙지요 / 걱정하고 계시는 우리 대통령 / 남북통일 되며는 웃으시겠지'라고 노래하고 있다.

생일이라는 사적인 기념일을 공공의 기념일로 경축하는 이런 황당한 일이 그때는 국민들에게 그다지 큰 거부감 없이 받아들여졌던 모양이다. 팔순이었던 1955년 이전에도 여러 기넘행사가 있었다. 신문에서 이날은 '생일'도 '생신날'도 아닌 '탄신일'이라는 용어로 지칭되고 있으며, 해마다 대통령 생일이 되면 상이군인에게 쌀을 '하사'하거나(1954년) 대한교육연합회가 나서서 학생들의 연합학예회를 개최하는(1953년) 등 행사를 개최해왔다. 그러니 팔순 잔치는 얼마나 성대하게 치렀겠는가.

지금 우리는 북한이 김일성·김정일 생일을 '4월 명절', '2월 명절'이라 부르며 대대적으로 기념하는 것을 우습게 여기는데, 1950년대에는 우리도 마찬가지였던 것이다. 즉, 임금의 탄신을 기념하던 군주제의 관습이 그대로 남아 있었다고 보아야 한다.

생일잔치만 그런 것이 아니었다. 축구대회에 그냥 '대통령상'을 주는 것이 아니라 이름까지 '대통령각하사배쟁탈축구대회大統領閣下賜盃爭奪蹴球大會'라 붙여 '각하'와 '사'를 넣은 대회가 개최되는 시대, 이승만 대통령이 양녕대군 17대손임이 강조되면서 이 바람을 타고 양녕대군의 호방한 인물 됨됨이를 그린 소설 『주유천하』(조흔파, 1957)가 일간지에 연재되고 라디오 연속극과 영화로 리메이크되던 시대였다. 이를 단지 정권의 강압이라고만 단정할 수는 없다. 국민 상당수가 대통령과 왕의 차이를 머리로는 이해했을지 몰라도 심정적으로는 꽤나

1955년 이승만의 '80세 탄신' 경축식에서는 학생들이 이승만 대통령의 만수무강을 기원하는 부채춤을 추고 집집마다 태극기를 게양했다. 1956년 3월 26일 81세 생일에 선물로 보내온 서예 작품을 이승만과 부인 프란체스카가 살펴보고 있다.

헷갈리고 있었다는 반증이다.

이로부터 무려 60년도 더 지난 2018년에 "숙종만 임금이냐? 박정희도 임금이다!"라는 발언을 서슴지 않는 분들이 여전히 있으니(충무공 사당인 현충사에 박정희 대통령이 내린 현판을 떼고 숙종의 사액 현판으로 바꿔달겠다는 충무공 가문 종부宗婦의 결정에 반발하는 덕수 이씨 종친 중 한 분이 방송에서 이렇게 발언했다), 1950년대가 민주주의의 제도를 갑자기 수입해 정부를 수립한 지 불과 10년밖에 안 된 시대였음을 생각하면 이해가 안 되는 것도 아니다.

그러니 4·19혁명은 대통령이 왕이나 아버지('국부 이승만'이라 불렸음을 기억하자)가 아니라 국민이 마음을 모아 시위를 하면 해고시킬 수도 있는 공무원임을, 머리가 아니라 마음과 몸으로 경험한 역사적 사건이었다고 보아야 한다.

좌우합작의 〈해방가〉만 겨우 살아남았다

군중이 많이 모인 시위라면 으레 노래가 따르는 법이다. 김필호(미국 오하이오주립대학 교수)가 몇 년 전 한국대중음악학회 학술대회에 발표한 논문에 따르면, 1960년 3월 6일부터 4월 30일까지 『조선일보』, 『동아일보』, 『경향신문』(1960년 4월 27

일 복간)에서 확인된 4·19혁명 시위대의 노래는 〈학도호국단가〉, 〈애국가〉, 〈전우야 잘 자라〉, 〈통일행진곡〉, 〈해방의 노래〉(후에 〈해방가〉라 불린 노래이며, 김순남 작곡 〈해방의 노래〉는 아닌 것으로 추정된다), 〈삼일절 노래〉, 〈광복절 노래〉, 기타 교가나 동요, 〈6·25 노래〉 등이다. 지금의 감각으로 보자면 꽤나 놀랍다.

이 중 1970년대 이후까지 시위 현장에서 불린 노래는 〈애국가〉, 〈해방가〉, 〈통일행진곡〉 정도다('압박과 설움에서 해방된 민족'으로 시작하는 〈통일행진곡〉은 1970년대 이후 잘 불리지 않다가 1987년 이후 가사와 곡이 대폭 바뀌어 〈민족해방가 2〉라는 제목으로 불렸다). 〈애국가〉는 대한민국의 국가 운명이 걸렸다고 판단되는 큰 시위, 특히 조직대중만이 아니라 일반 시민들의 참여가 많아지는 아주 결정적이고 중요한 순간에는 불렸다. 1980년 민주화의 봄에 서울 시내 한복판에서, 광주 금남로에서 불렸다. 이후 1987년 6월 항쟁과 2016년 겨울 촛불혁명 때에도 불렸으며, 아마 앞으로도 대한민국의 역사를 바꾸는 광장에서는 늘 불릴 것이다.

〈해방가〉라고 불린 노래는 원래 제목이 〈독립행진곡〉이다. 1946년 2월에 발간된 『해방 기념 애국가집』(조선국민음악연구회 편집·발행)에 수록된 가사는 다음과 같다.

1. 어둡고 괴로워라 밤이 길더니 / 삼천리 이 강산에 먼동이 텄네 / 동무야 자리 차고 일어나거라 산 넘어 바다 넘어 태평양 넘어 / 아 아 자유의 자유의 종이 울린다

2. 한숨아 너 가거라 현해탄 건너 / 설움아 눈물아 너와도 하직 / 동무여 두 손 들어 만세 부르자 아득한 시베리아 넓은 벌판에 / 아 아 해방의 해방의 깃발 날린다

3. 유구한 오천 년 조국의 역사 / 앞으로도 억만 년이 더욱 빛나리 / 동무여 발맞추어 함께 나가자 우리의 앞길이 양양하고나 / 아 아 청춘의 청춘의 피가 끓는다

— 〈독립행진곡〉(박태원 작사, 김성태 작곡, 1946)

1970년대 이후에 불렸던 가사와 비교하면 약간의 차이가 있다. '동무'가 '동포'로 바뀌었다. '어깨동무 씨동무 미나리 밭에 앉았다', '동무들아 오너라 서로들 손잡고' 같은 익숙한 노래에서도 확인되듯 '동무'는 흔히 쓰이던 말이었다. 그러나 분단을 거치면서 북한 공산주의자들이 즐겨 쓰는 말로 인식되어 점차 쓰이지 않게 되었다. 이뿐만이 아니라 '인민', '반동적' 같은 말들이 '민중'이나 '국민' 혹은 '반역사적'이라는 말로 대체되었는데, '동무'를 기피하고 '친구'를 선택하는 경향은 이보다 심각했다. 남한의 일상생활에서 '동무'는 거의

사라진 단어라 해도 과언이 아니다.

'한숨아 너 가거라 현해탄 건너 / 설움아 눈물아 너와도 하직'도 1970년대에는 '어둠아 물러가라 현해탄 건너 / 눈물아 한숨아 너희도 함께'로 바꾸어 불렀다. 2절 첫 구절을 '한숨'으로 시작하는 것은 확실히 일제강점기의 감각이다 싶다. 이 단어가 뒤로 밀리고, 일반적인 저항운동에 두루 통용될 만한 '어둠아 물러가라'로 바뀐 셈이다. 3절의 마지막 구절은 1970년대에 '동포여 어깨 걸고 함께 나가자 억눌린 우리 민족 해방을 위해 / 아아 투쟁에 투쟁에 이 몸 바치리'로 불렀는데, 이 역시 여러 번의 시위를 겪으며 그에 어울리는 표현으로 바뀐 것이라 보인다.

〈해방가〉는 창작자도 주목할 만하다. 박태원 작사에 김성태 작곡이니 좌우합작이다. 일제강점기에 『천변풍경』, 『소설가 구보 씨의 일일』 등을 발표한 소설가 박태원은 월북했고, 김성태는 이후 대한민국 음악계의 권력자가 되어 앞서 소개한 〈우리 대통령〉, 〈대통령 찬가〉 같은 노래를 계속 지으며 장수했다. 그래서일까. 정부 수립 이전까지는 우파의 집회에서도 널리 불렸다고 한다. 좌파들이 즐겨 불렀던 김순남 작곡의 〈해방의 노래〉에 비해 더 광범위하게 알려진 것은 그 때문이었을 것이다.

4·19혁명에서 왜 〈삼일절 노래〉를 불렀을까?

4·19혁명 때 〈삼일절 노래〉(정인보 작사, 박태준 작곡), 〈광복절 노래〉(정인보 작사, 윤용하 작곡)를 불렀다는 것은 지금 감각으로는 의아할 수 있다. 하지만 사실 이들 노래는 1960년대 중반 한일수교 반대운동까지도 많이 불렸다. 1960년대 대학을 다녔던 선배들의 말에 의하면 시위 중에 〈삼일절 노래〉를 부르면 절정부인 '선열하 이 나라를 보소서' 대목에서 울컥하는 감정이 느껴졌다고 한다.

〈전우야 잘 자라〉, 〈6·25 노래〉가 불린 것도 꽤나 흥미롭다. 전쟁을 거치며 반공주의는 대학생들에게도 의심하기 힘든 것으로 받아들여졌음을 의미한다. 그런데 수많은 반공적인 노래 중 하필 이 노래가 선택된 것은 왜일까? 두 곡 모두 '피 흘리는 싸움의 비장함'을 형상화했기 때문이라는 게 내 생각이다.

〈전우야 잘 자라〉의 작사·작곡자인 유호와 박시춘은 당대 최고의 인기 창작자였다. 둘은 이미 현인의 〈비 내리는 고모령〉, 〈신라의 달밤〉 등을 함께 지어 '대박 히트'를 기록했고, 〈전우야 잘 자라〉 이후에도 〈전선야곡〉, 〈이별의 부산 정거장〉 등 전쟁의 모습을 담은 절창들을 남겼다. 〈전우야 잘 자라〉는 9·28 수복 직후에 우연히 명동에서 만난 유호와 박시춘이 바로 그날 의기투합해 밤새워 만든 노래였다. 낙동강 전선에서 추풍령, 한강 백사장, 삼팔선으로 이어지는 전선의 이동을 고스란히 따라가면서, 이 땅 곳곳에서 얼마나 많은 사람이 피를 흘렸는지 가슴 저리게 노래한다.

1. 전우의 시체를 넘고 넘어 앞으로 앞으로 / 낙동강아 잘 있거라 우리는 전진한다 / 원한이야 피에 맺힌 적구赤狗를 무찌르고서 / 꽃잎처럼 떨어져간 전우야 잘 자라

2. 우거진 수풀을 헤치면서 앞으로 앞으로 / 추풍령아 잘 있거라 우리는 돌진한다 / 달빛 어린 고개에서 마지막 나누어 먹던 / 화랑담배 연기 속에 사라진 전우야

3. 고개를 넘어서 물을 건너 앞으로 앞으로 / 한강수야 잘 있더냐 우리는 돌아왔다 / 들국화도 송이송이 피어나 반기어 주는 / 노들강변 언덕 위에 잠들은 전우야

4. 터지는 포탄을 무릅쓰고 앞으로 앞으로 / 우리들이 가는 곳에 삼팔선 무너진다 / 흙이 묻은 철갑모를 손으로 어루만지니 / 떠오른다 네 모습이 꽃같이 별같이

- 현인, 〈전우야 잘 자라〉(유호 작사, 박시춘 작곡, 1950)

이 노래 속 죽음의 형상화는 이데올로기를 압도한다. 슬픔의 표현이 얼마나 절절한지 퇴각하는 시기에는 군인들의 사기가 떨어진다는 이유로 노래를 금지했을 정도다. 그러니 총구 앞에서 죽음을 불사하고 어깨를 걸었던 4·19혁명 시위대에게도 이 노래는 가슴을 울렸을 것이다.

〈6·25 노래〉(박두진 작사, 김동진 작곡)에서도 '맨주먹 붉은 피로 적들을 막아내어 / 발을 굴러 땅을 치며 의분에 떤 날을' 대목이, 맨주먹으로 경찰과 맞서 있던 4·19혁명의 시위 현장에서 충분히 전율을 느끼게 했을 것이라 짐작한다. 악곡은 박시춘의 〈전우야 잘 자라〉와 비교할 수 없이 격한데, 느낌이 풍부한 선율을 큰 스케일로 기막히게 뽑아내는 작곡가 김동진의 능력이 이 노래에서도 확인된다.

대중이 악보 없이 '떼창'할 수 있었던 이유

〈삼일절 노래〉부터 〈통일행진곡〉, 〈6·25 노래〉에 이르는 4·19혁명 시위대의 노래 레퍼토리를 보노라면 중요한 지점이 보인다. 당시 한국 사람들 중에서 이런 노래를 따라 부를 수 있었던 사람들은 학교 교육을 받은 25세 이하의 청(소)년이었을 것이란 점 말이다. 〈삼일절 노래〉는 1950년에 삼일절의 공식 노래로 제정되었고, 나머지 노래들은 그 이후에 지어졌다. 군대를 다녀왔으면 〈전우야 잘 자라〉는 익숙할지 모르겠다. 그러나 나머지 노래는 그리 쉽게 따라 부를 수 없었을 것이다. 정부에서 정책적으로 보급한 이들 노래의 가장 중요한 보급 통로는 학교 교육이었을 테니까 말이다.

생각해보자. 예나 지금이나 30세가 넘으면 새 노래를 외워 부르기 힘들다. 그러니 1960년에 이 노래를 악보 없이 '떼창' 할 수 있었던 사람들은 1950년대에 초중등학교를 다닌 학생들뿐이었다. 아마 당시 40대들이 데모를 했다면 분명히 창가인 〈학도가〉 혹은 일본 군가나 군국 가요의 개사곡이 튀어나왔을 것이다. 〈애국가〉도 안익태 작곡의 선율이 아니라 〈올드 랭사인Auld Lang Syne〉 선율에 맞춘 〈애국가〉를 불렀을지도 모른다.

그러니 1960년 4·19혁명 때 시위대가 〈삼일절 노래〉, 〈6·25 노래〉 혹은 교가 등을 함께 불렀다는 것만으로 이들은 기성세대와 차별화되었다. 노래를 함께 부른다는 것은 예나 지금이나 집단성을 확인하는 가장 중요한 행위다. 이들은 젊은 학생들만이 부를 수 있는 노래들을 소리 높여 부름으로써 자신들이 기성세대와 다른 새로운 세대임을 가슴과 몸으로 확인했을 것이다.

제4장

세종로가
희망으로
눈을 뜨다

'잘 살아보세'라는 새로운 희망을 부추기다

1960년대는 영화에 광화문이 많이 등장하는 시대다. 4·19 혁명과 5·16군사쿠데타로 시작된 1960년대가 지금 대한민국의 체계가 확실히 정착하는 시기였다는 점은 이와 관련해 의미심장하다. 제1공화국 때에 헌법과 기본적인 정치체제, 반공주의 등이 정립되기는 했다. 하지만 정부가 국민을 먹여 살리기 위해 경제정책을 만들어 추진하고 사회문화적 법규들이 정돈되어 국민들에게 내면화되어 관행으로 자리 잡는 것은 1960년대에 이르러서다.

대중예술사에서도 1960년대는 독특하다. 1950년대와 비교하면 확연히 두드러지는 변화가 있다. 예컨대 대중예술사에서 미국의 영향이란 늘 강력했다. 하지만 1950년대만 해도 미국 모방은 그 수준이 어설프기 이를 데 없었다. 중국 음악 질감이 완연한데도 제목은 '샌프란시스코'라고 붙인 노래가 아무렇지도 않게 인기를 모으고, 할리우드 영화에서 본 이미지를 고스란히 옮겨놓은 〈인도의 향불〉, 〈페르샤 왕자〉, 〈아리조나 카우보이〉 등의 노래가 대박 히트를 했다.

1. 공작새 날개를 휘감는 염불소리 / 간디스강 푸른 물에 찰랑거린다 / 무릎 꿇고 하늘에다 두 손 비는 인디아 처녀 / 파고다의 사랑이냐 향불의 노래냐 / 아 깊어가는 인도의 밤이여
– 현인, 〈인도의 향불〉(손로원 작사, 전오승 작곡, 1952)

인도에 대한 몇몇 상식을 나열하는데 '염불소리' 운운하니 어느 시대인지도 알 수 없다. 꼭 이렇게 낯선 지역을 노래로 만들 때 늘 '처녀'나 '아가씨'를 배치하는 남성 관광객의 시선, '파고다의 사랑이냐 향불의 노래냐' 같은 '아무 말 대잔치' 수준의 가사까지, 지금의 감각으로 보자면 포복절도할 수준이다. 그런데 이런 노래들이 1950년대에는 아주 많이 등장

했고 큰 인기를 모았다. 아마 태평양전쟁과 해방, 분단, 다시 6·25전쟁 등 일련의 국제적인 사건들을 겪으며 외국이나 국제성에 대한 대중적 관심이 높아졌기 때문이었을 것이다.

게다가 당시는 〈아라비안 나이트〉, 〈바그닷드의 미녀〉, 〈시자와 크레오파트라〉 같은 제목으로 개봉된 할리우드 영화를 통해, 미국의 시각으로 재편된 세계 여러 나라의 모습이 한국의 대중에게 마구 쏟아지던 시기였다. 하지만 국제성에 대한 높아진 관심에 비해 대중에게 수용되는 정보의 질은 꽤나 유치했음을 여실히 보여준다.

그런데 1960년대부터는 다르다. 이와 같은 노래가 아주 나오지 않는 것은 아니지만, 주류는 확실히 변화했다. 미국 모방이라는 방향은 동일하지만, 그 질에서는 1950년대와 같은 유치함을 드러내지는 않는다. 상당히 안정된 양상을 보이고 있는 것이다.

1961년에 힐빌리^{hillbilly} 스타일(미국 남부 외진 시골의 나무꾼과 농민들이 즐기던 음악으로 투박한 초기 컨트리뮤직을 지칭한다)을 세련되게 구사한 한명숙의 〈노란 샤쓰의 사나이〉(손석우 작사·작곡)의 인기로 어설프고 우스꽝스러운 노래의 시대는 끝이 났다. 당시 우리나라에 비해 훨씬 미국 대중문화 수용이 앞선 일본이나 필리핀 등에도 알려져 인기를 얻을 정도로, 이 노래는 상당히 미국적 질감을 획득하는 데에 성공했다. 물론 지금의 감각으로는 발상이나 가사가 다소 민망한 구석이 없지 않다. 과시적인 영어 사용이 대표적인 예다.

> 우리 애인은 올드미스 히스테리가 이만저만 / 데이트에 좀 늦게 가면 하루 종일 말도 안 해 윗 셸 아이 두 / 우리 애인은 올드미스 강짜 새암이 이만저만 / 젊은 여자와 인사만 해도 누구냐고 꼬치꼬치 오 헬프 미 / 우 우우우 우우우 우우우 / 우 우우우 우우우 우우우 라라라라 / 우리 애인은 올드미스 서비스가 이만저만 / 춥지 않느냐 뭐 먹겠느냐 털어주고 닦아주고 오 땡큐
> - 최희준, 〈우리 애인은 올드미스〉(손석우 작사·작곡, 1962)

이것만이 아니다. '내 사랑 쥬리안은 마음씨 고운 여자'(최희준, 〈내 사랑 쥬리안〉), '나는 사뭇 뮤직 듣는 척을 했지'(김상희, 〈처음 데이트〉), '헤이 부라보 핸섬 보이'(봉봉사중창단, 〈육군 김일병〉) 등 이런 과시적인 예는 꽤 많다. 하지만 적어도 중국풍의 음악에 샌프란시스코를 노래하거나, 공작새와 염불, 파고다 같은 단어를 나열하는 수준은 훌쩍 넘어섰다. 무엇보다도 음악적으로 미국의 대중음악을 체화한 티가 역력하다.

그런 점에서 이런 과시적 표현은 미국처럼 잘사는 세상을

갈망하던 당대 대도시 젊은이들의 새로운 감각이 반영된 것으로 '맘이 쏠려', '홀랑 반했어요', '행복이 초만원' 같은 젊은 감각의 말투가 가사에 그대로 반영된 것과 잘 어우러져 있다. 말하자면 적어도 이들 노래에는 당대 서울의 리얼리티가 있다는 것이다. 서양의 현대화된 대도시를 향한 욕망이 과하게 드러나고 있긴 하지만, 가보지도 못한 페르샤(페르시아제국)나 아리조나(미국 남서부의 애리조나)를 노래하는 수준은 벗어난 것이다.

이런 변화는 1960년대에 들어서서 비로소 사람들이 근대적인 도시화와 산업화, 경제발전에 대한 희망을 갖기 시작했다는 것과 무관하지 않다. 전쟁이 끝난 지 10년이 다 되어가면서 약간의 안정감이 생겼고, 아직 실현되지는 않았지만 정부 주도의 경제개발이 시작되면서 기아와 부정부패가 만연하던 한국 사회에 '잘 살아보세'의 새로운 희망이 부추겨지고 있던 시대였다.

'근대적이고 능력 있는 청년 남자'가 탄생하다

이런 1960년대 전반기에 인기를 모았던 두 영화에 세종로 거리는 아주 선명하게 그 모습을 보여주고 있다. 영화사를 연구하는 사람은 누구나 이 장면을 기억할 정도로 인상적인 장면이다. 하나는 영화 〈마부〉(강대진 감독, 1961)의 마지막 장면이다. 4·19혁명과 5·16군사쿠데타 사이에 제작된 〈마부〉는 주인공을 맡은 배우 김승호가 '한국인의 불쌍한 아버지' 이미지를 대표하는 배우로 자리 잡는 작품으로 그해 베를린국제영화제 은곰상을 수상했다.

아버지는 부자의 첩이 소유한 말을 부리는 마부다. 짐을 실어 나르는 삯으로 근근이 살아간다. 아내 없는 홀아비 마부가 함석과 판자로 엉성하게 바람막이를 한 산동네 작은집에서 4남매를 키웠다. '마부 자식'이란 업신여김 없이 살게 해주고 싶지만 마음대로 되지 않는다. 큰딸은 청각장애인으로 매일 남편에게 맞고 친정으로 쫓겨오는 게 일상이다. 아버지는 그런 큰딸이 애처로워 견딜 수 없지만, 그 마음은 늘 '네 집으로 돌아가라'고 소리치는 방식으로 표현된다. 결국 큰딸은 강에 몸을 던져 자살한다. 다방 레지를 하던 작은딸은 '마부 딸'임을 속이고 빌린 양장을 빼입고 부자 남자들을 만나 팔자 고칠 생각을 하지만, 역시 잘될 리 없다. 돌봄을 받지 못한 중학생 막내아들은 좀도둑질과 싸움질이 일상이다.

설상가상 아버지의 돈벌이도 시원찮다. 이제 마부란 쇠락하는 직업이다. 삼륜차(바퀴가 셋인 개인 용달차)가 나와 짐을 옮

영화 〈마부〉는 젊고 반듯한 새로운 가부장의 탄생을 알리는 영화다. 현대 문명에 밀려 쇠락해가는 마부 아버지가 사법시험을 준비하던 장남과 이야기를 나누고 있다. (한국영상자료원 제공)

기니 마부의 벌이는 줄어들고 있다. 게다가 마주馬主(말 주인)의 자동차에 치어 다리가 부러져, 보상도 못 받고 일만 끊겨 버렸다. 숨 쉴 구멍을 찾기가 힘든 이 집안의 희망은 오로지 사법고시를 준비하는 장남뿐이다. 듬직한 체구의 신영균이 연기했다.

늙어가는 아버지는 이 위기상황을 타개할 능력이 없다. 다른 직업을 가질 가능성은 거의 없다. 그저 자신들을 관리하는 마주의 첩 앞에서 눈을 내리 깔고 "선처해줍쇼" 하며 굽신거리는 것이 몸에 배어 있다. 이렇게 위기에 처한 가부장의 가족을 재건할 수 있는 사람은 젊고 반듯하며 능력 있는 장남뿐이다. 영화는 이 젊은 장남에게 희망을 건다. 새로운 가부장의 탄생인 셈이다.

영화의 마지막은 해피엔딩이다. 가족들은 눈 쌓인 중앙청 앞문에 붙인 사법고시 합격자 명단에서 장남의 이름을 발견하고, 기쁨의 눈물을 흘리며 얼싸안는다. 당시 관중들은 자신들과 그리 다르지 않은 이 불쌍한 가족 이야기를 보며 애를 태웠을 것이 분명하다. 아마 이 마지막 장면에서는 눈물 어린 박수가 터져나왔으리라.

가족이 새 출발을 하는 장소가 중앙청 앞이라는 것은 주목할 만하다. 여태껏 대중적 극영화에서 거의 비춰지지 않았던 장소라 더욱 그러하다. 위기의 늪에 빠졌던 가족은 바로 중앙청 앞 세종로에서 '근대적이고 능력 있는 청년 남자'에 대한 믿음으로 희망 찬 '재건再建'의 첫 걸음을 내딛게 되는 것이다.

모던한 서울시청과 화려한 동화백화점

1950년대 영화였다면 세종로가 이렇게 희망 찬 공간으로 비춰질 수 있었을까 싶다. 흥미롭게도 1950년대의 영화들은 근대적인 서울을 과시적으로 보여주면서도 세종로와 중앙청만 쏙 빼놓고 비춰주지 않았다. 대표적인 영화가 〈자유부인〉(한형모 감독, 1956)이다. 정비석의 유명한 소설을 원작으로 한 이 영화의 첫 부분에서 주인공인 대학교수 부인 선영은 집을 나와 시내로 향한다. 집이 있는 곳은 북촌인 듯하다. 가옥은 북촌에 흔했던 중산층의 기와집이다. 선영이 바로 옆집 사랑방에 사는 날라리 대학생인 춘호와 우연히 만나 이야기를 나누며 걷는 길은 경복궁 옆 도로다.

그러니 걷는 길을 따라 중앙청 앞 도로와 세종로가 비춰질만도 하다. 그런데 그다음 장면은 세종로를 건너뛴 채 바로 서울시청 앞으로 연결된다. 춘호가 목에 걸고 나온 카메라로 선영을 찍고 그 사진을 영원한 마스코트로 간직하겠다고 오글거리는 대사를 뱉는 곳이 서울시청 앞이다. 앙탈하듯 항의하는 선영에게 춘호는 "제 자웁니다"라고 느끼하게 말한다.

이 장면에서 사진을 찍는 춘호의 옆으로는 서울시청의 담벼락이 있고, 선영의 어깨 너머로 우뚝 솟은 국회의사당(현재 서울시의회) 건물이 보인다. 경기대학교 안창모 교수(건축사학자)는 1920~1930년대에 경성부청京城府廳과 부민관府民館으로 지어진 두 건물은 당시로서는 매우 모더니스틱한 건축이라고 평가했다. 고전주의적 위압감을 한껏 드러낸 조선총독부 건물과는 꽤 다른 건축물이라는 것이다.●

영화가 진행될수록 공간 선택은 점입가경이라 할 만하다. 선영과 춘호는 〈체리 핑크 맘보〉 음악에 맞춰 남녀가 쌍쌍이 부여잡고 차차차 스텝을 밟는 댄스홀까지 드나들게 된다. 이렇게 '자유로운' 두 인물에게 어울리는 공간은 중앙청 앞 세종로가 아니라 국회의사당이 보이는 서울시청 앞이었던 것이다.

전쟁으로 제작이 거의 끊겼던 대중적 극영화는 1955년 〈춘향전〉과 1956년 〈자유부인〉의 대박 히트로 가까스로 부활했다. 〈자유부인〉 이후 당대의 대도시 남녀 이야기를 다룬 영화

●　안창모, 「일제 '모더니즘 건축'이 지금은 '시민의 소리 듣는 공간' 됐다」, 『문화일보』, 2017년 7월 12일.

가 꽤 여러 편 제작되는데, 이들 영화를 보면 흥미로운 대목이 눈에 띈다. 서울 거리 중에서 단골로 등장시키는 곳이 몇 군데로 정해져 있다는 것이다. 가장 빈번하게 나오는 곳이 동화백화점(현재 신세계백화점)과 한국은행이 있는 분수대 로터리다. 일제강점기부터 가장 화려했던 충무로와 명동으로 들어가는 입구다. 게다가 이곳을 촬영할 때에는 항상 중앙우체국에서 한국은행 쪽을 바라보는 앵글로만 비춰진다. 아마 중앙우체국 건물보다는 한국은행 건물이 멋있기 때문일 것이다.

이곳은 1910년대에 경성부청이 있던 곳으로, 1926년 경성부청이 덕수궁 앞으로 옮겨가면서 미쓰코시백화점, 조선저축은행(이후 제일은행, 현재 SC은행)이 들어서게 되었다. 경성부청 앞의 로터리와 조선은행(현재 한국은행) 앞 로터리는 직선도로인 소공로로 연결되어 있고, 그 한가운데에 독일인이 설계해 1914년에 준공한 조선호텔이 서 있다. 경성부청 건너편에는 태평로를 직선화하느라 잘려버린 덕수궁이 공원처럼 생긴 꼴이 되었고, 그 옆으로 부민관과 언론사들이 열 지어 있으며, 조선은행 건너편에는 경성에서 가장 화려한 상업공간인 혼마치本町(충무로)와 메이지마치明治町(명동)가 펼쳐져 있다.

그러니 서울시청에서부터 한국은행 앞까지는 그야말로 일본인의 상업·금융의 중심지로 경성에서 가장 화려하고 모던

한 거리였던 셈이다. 해방 후는 물론 1950년대까지도 이곳은 서울에서 거의 유일하게 화려한 거리였다. 장안의 부자와 멋쟁이는 물론, 요즘 유행하는 말로 '우리가 돈이 없지, 가오가 없냐?'란 생각을 지닌 예술인들이 모두 명동을 삶의 근거지로 삼았다.

미국식 자유주의와 전쟁의 영향으로 개인의 욕망이 표면화되었지만 '사바사바'과 '빽'이 새로운 유행어가 될 정도로 공공성에 대한 신뢰가 바닥이었던 1950년대에, 권위주의적인 중앙청 건물과 세종로가 아닌 모던한 서울시청 앞과 화려한 동화백화점 앞 로터리가 비춰지는 것은 결코 우연이 아니다.

'거리의 자식'이 세종로에서 연애를 하다

그런데 1964년 당대 최첨단 영화 〈맨발의 청춘〉(김기덕 감독)에서는 청춘남녀의 연애가 명동이 아닌 세종로에서 펼쳐진다. 신성일과 엄앵란 콤비를 낳으며 '청춘영화' 바람을 일으켰던 영화, '눈물도 한숨도 나 홀로 씹어 삼키며 / 밤거리에 뒷골목을 헤매고 다녀도'로 시작하는 최희준의 주제가(이 명가사는 극작가 유호의 작품이다)로 작곡가 이봉조의 시대를 열었던 전설적인 영화다.

뒷골목 조폭의 '똘만이'인 '거리의 자식' 두수를 연기하는 신성일은 하얀 점퍼에 발목까지 딱 달라붙는 청바지를 입고 제임스 딘처럼 건들거리며 불안한 눈동자로 흔들리는 영혼을 연기한다. 외교관 딸 요안나 역의 엄앵란은 단정한 단발머리에 머리핀을 꽂고 "엄마한테 거짓말 해보긴 첨이에요"라며 순진한 표정을 짓는다. 우연히 불량배에게 봉변당할 처지의 요안나를 구해준 두수의 원룸아파트를 요안나가 제 발로 찾아오고, 둘은 수줍은 표정으로 골목을 걸어 큰길로 나온다. 그런데 그 큰길이 1950년대 연애 장면에는 한 번도 등장한 바 없는 세종로다.

그들은 서쪽 인도에 길을 걷고 있고 찻길 건너에 미국대외원조기관USOM과 경제기획원의 쌍둥이 건물이 현대적인 분위기를 풍기며 서 있다. 고층건물이 즐비한 지금과 달리 영화 속에서는 한눈에 띌 정도로 우뚝 선 가장 높은 건물이다.

이 쌍둥이 건물은 미국이 돈을 대어 1961년 10월에 준공되었다. USOM 건물에는 1968년 미국대사관이 입주해 지금까지 사용하고 있고, 경제기획원 건물은 문화체육관광부가 사용하다가 구조 변경·개축해 2012년부터 대한민국역사박물관이 되었다. 세종로 끝에 서 있는 중앙청 청사는 중앙의 탑을 세우고 화려하게 장식을 하며 계단을 올라야만 건물에

영화 〈맨발의 청춘〉에서 젊은 연인은 명동이 아닌 세종로를 무대로 연애를 한다. 세종로는 1961년에 완공된 쌍둥이 건물 등 당시로서는 최첨단의 건물이 있던 세련된 거리였다. 두 주인공 뒤로 보이는 철탑 있는 건물은 서울시청 옆의 개풍빌딩이다. 세종로의 쌍둥이 빌딩에 머금가는 직선적인 현대적 디자인의 건물이다. (한국영상자료원 제공)

들어설 수 있는 고전주의적 위엄을 한껏 뽐내는 돌 건물이었다. 그에 비해 이 쌍둥이 건물은 간결하게 직선적으로 디자인된 현대적인 건물로 아주 대조적이다. 그런 점에서 이 쌍둥이 건물은 세종로가 일제강점기의 색깔에서 미국의 색깔로 바뀌는 데에 결정적으로 기여한 건물이라 할 만하다.

세종로에서 연애하는 청바지와 단발머리 청춘남녀의 배경으로 중앙청을 비춰주지 않고, 현대적인 쌍둥이 건물을 보여준 것은 적절한 선택이었다. 현대 미국식 질감의 건물 앞에서 펼쳐지는 그들의 연애는 새로운 느낌을 풍긴다. 거리의 자식 두수는 건들거리는 몸짓으로 "택시!" 하고 손을 들어 차를 잡아 요안나를 태운다(한마디로 이 장면은 '허세 쩌는' 몸짓이라고 할 수 있다). 여기에 이봉조가 색소폰으로 연주하는 재즈가 이들을 감싸 안고 있다.

현대적이고 잘사는 삶을 욕망했던 한국인들

이 영화 속의 현대적 건물은 이뿐만이 아니다. 세종로에서 택시를 잡아탄 남녀는 장충체육관으로 향한다. 그 건물 역시 1963년에 준공된 현대적인 건물이다. 체육관에 꽉 찬 관중 속에서 두 남녀는 소리소리 지르며 프로레슬링을 즐긴다. 아주 젊고 역동적인 분위기다. 얼마 후 그들의 연애 장소는 서울시청 앞으로 옮겨가는데, 이 장면에서도 그곳에서 가장 현대적인 건물인 개풍빌딩(현재 부산은행 서울지점 위치)이 배경으로 비춰진다. 1958년에 준공된 개풍빌딩은 지상 6층에 지하 1층의 콘크리트 건물로 당시에는 꽤 드문 수직 루버^{louver}까지 있었다. 당시 미국공보원^{USIS}이 사용하고 있었고, 반도호텔(현재 롯데호텔 자리에 있던 건물)에 버금가는 높고 현대적인 건물이었다.

영화 속 남녀의 의상은 꽤나 멋지다. 특히 여대생인 요안나는 가죽으로 된 모자를 쓰고 있어 그야말로 패셔너블하다고 할 만하다. 이 장면은 서울시청 앞에서 을지로 방향을 향해 찍은 것으로 보이는데, 그 큰길에 사람과 자동차가 마구 뒤얽혀 지나가고 있는 모습이 아주 흥미롭다. 이렇게 서울도 세종로도 그 풍경이 바뀌고 있었다. 미국의 대도시처럼 현대적이고 잘사는 삶을 욕망했던 한국인들은 1960년대에 들어서면서 드디어 현실적인 꿈이 될 수도 있겠다는 생각을 갖게 되었다.

5·16군사쿠데타로 정권을 잡은 군부 정부는 세종로의 쌍둥이 빌딩에서 경제개발계획을 수립하고 추진했다. 그리고 비록 아버지는 가난하고 배운 것 없이 늙어가는 마부일지라도, 그 자식은 반듯하고 능력이 있어 폐허가 된 가족과 사회

를 재건할 것 같았다. 하다못해 뒷골목의 건달조차도 (비록 성공하지는 못하지만) 부잣집 딸인 여대생과 진정한 사랑을 나눌 수 있다고 생각했다.

이런 '거리의 자식'의 노래라 할 만한 김상국의 〈쥐구멍에도 볕 들 날 있다〉(전우 작사, 김인배 작곡, 1965)는 '돈이란 돌고 돌아 없다도 있는 것'이라 껄렁거리는 목소리로 노래하고, '억울하면 출세하라'라는 말을 유행시킨 대중가요 〈회전의자〉(신봉승 작사, 하기송 작곡, 1965)가 유행하던 시절이었다. 아직 이런 희망의 실현 여부를 따질 시기는 못 되었지만, 오히려 그래서 희망은 더 드높아질 수 있었다. 전쟁 이후 처음으로 맞는 희망의 시대였던 것이다. 이 시대 영화가 당당하게 세종로 거리를 보여줄 수 있었던 이유다.

제5장

서울시민회관, 대중문화를 품다

우남회관에서 세종문화회관까지

먼저 퀴즈 하나를 풀어보자. 다음 세 단어의 공통점은? '시민, 세종, 우남.' 답은 구 주소로 서울시 종로구 세종로 81-3번지에 세워진 대형 공연장에 붙여진 이름이다. 지금 이 주소에는 세종문화회관이 들어서 있다. 세종문화회관 이전에 그 자리에 있던 건물의 이름이 1961년에 준공된 서울시민회관이며, 1955년 서울시민회관 건립이 계획될 때 이 건물의 이름은 이승만 대통령을 기념하기 위한 '우남회관'이었다.

세종로 거리에 커다란 공연장을 짓는 데 대통령의 호를 갖다 붙이는 발상이 그때는 낯설지 않았다. 이승만 대통령의 팔순 생일이 국경일처럼 온 나라가 들썩거릴 정도의 행사가 이어졌고 축시와 축가의 창작, 온갖 축하행사에 유명 예술인은 물론 초중고교 학생들까지 동원되었다. 그런데 팔순 기념으로 한 게 그것뿐이 아니었다. 탑골공원에 이승만 동상이 세워졌는데, 예정보다 약간 늦어져 이듬해 3월에 완성되었다. 우남회관 건립의 계획이 세워진 것도 같은 해였으니 팔순 기념으로 공연장까지 건립하기로 한 것이다.

이 건물의 설계자 이천승은 당대 건축계를 대표하는 인물이었다. 일제강점기 조선 최고의 건축 관련 학교인 경성고등공업학교를 졸업했다. 약칭으로 '경성고공'이라 부르는 이 학교는 다른 공업학교들과 달리 대학 과정에 해당하는 학교였다. 즉, 일제강점기에 'OO공업학교', '△△공과학교' 등의 이름의 학교들은 '상업학교', '사범학교' 등과 마찬가지로 초등학교를 졸업하고 입학할 수 있는 중등교육기관이다. 그에 비해 경성'고등'공업학교는 중등교육을 마친 이후에 입학할 수 있는 고등교육기관이다. 지금 서울대학교 공과대학의 전신이며 조선 최고의 공업 관련 교육기관이라 할 수 있다. 「날개」, 「오감도」를 쓴 이상도 경성고공 건축과를 졸업했다.

이천승은 이 학교를 전교 수석으로 졸업한 수재 중의 수재였다. 학교를 졸업하고 만주로 건너가 남만주철도주식회사에서 10년을 근무하며 다롄역사大連驛舍 등 굵직한 프로젝트를 남겼다. 해방 후 많은 건축인이 남북으로 갈렸을 때 그는 남한에 남았고 1950년대에 대한건축작가협회를 이끌면서 건축 관련 법규의 기초를 마련했다. 국제극장(1957, 현재 동화면세점 자리에 위치)과 종로 네거리 화신백화점 맞은편에 세운 신신백화점(1956, 현재 SC은행 자리에 있던 건물) 등을 설계한 당대 건축계의 대표적인 인물이었다.

서울시민회관은 북편에 높은 탑을 세우고 지하 1층 지상 4층으로 만든 현대적인 다목적 회관으로 당시 철근콘크리트 건물로는 국내 최고의 고층건물이었다. 1950년대 후반에 국제극장, 1960년대 초에 서울시민회관에 이어 USOM · 경제기획원 쌍둥이 건물이 세워짐으로써 1960년대 초 세종로 부근 풍경은 몇 개의 대형 건물로 완전히 새롭게 바뀌게 된다. 화려한 장식과 고전적 풍모를 뽐내던 권위주의적인 중앙청 건물만 버티고 있던 그 길에, 별다른 장식 없이 시원시원한 직선을 실용주의적으로 보여주는 현대적인 건물이 우수수 들어서게 된 것이다.

하지만 당시 20억 환이나 들여 만든 이 건물이 완공되기도 전에 이승만 정권이 무너졌고, 시민혁명을 거치며 건물 이름도 우남회관에서 서울'시민'회관이 되었다. 1961년 11월에 개관했으니 정권은 또 한 번 바뀐 후였다. 이곳에서 온갖 행사를 개최한 대통령은 이승만도 윤보선도 아닌 박정희였다. 1963년 박정희 대통령의 첫 취임식도 이곳 서울시민회관 대강당에서 열렸다.

대중예술로 채워진 서울시민회관

서울시민회관의 건립으로 한국에도 드디어 외국의 큰 공연단을 유치할 수 있을 만큼 번듯한 대형 공연장이 생겼다. 그 이전까지의 대형 공연장이란 고작 일제강점기에 지어진 가장 호화로운 공연장 시공관뿐이었다. 일제강점기 부민관이었던 다목적 회관은 국회의사당으로 사용되고 있어 극장의 기능을 잃은 지 오래였으니, 영화관을 제외하고 유일한 대형 공연장이었다(시공관은 일제강점기에 명치좌明治座였고 이후 국립극장, 시공관 등의 이름으로 공연장으로 쓰이다가 국립극장이 장충동에 신축되어 옮겨간 이후 금융회사로 쓰였다. 이토록 역사적으로 의미 있는 공연장이 사적 소유의 건물이 되어 언제 헐릴지 모를 위기에 처했고, 현대그룹이 소유하고 있던 동양극장을 허망하게 허무는 것을 목격한 바 있는 연극인들이 이 건물만은 지켜야 한다며 오랫동안 주장했다. 그 결과 지금은 정부가 구입

1962년 세종로의 모습이다. 정면의 북악산 아래 중앙청이 보이며, 왼편에는 서울시민 회관이 자리하고 있다. 그 건너편에 미국대외원조기관과 경제기획원 건물이 보인다.

해 명동예술극장이라는 공공극장이 되었다). 그런데 유일한 대형 공연장 시공관 역시 1,000석이 조금 넘는 규모였다.

그에 비해 서울시민회관의 좌석 수는 대극장만 무려 3,004석이다. 현재 예술의전당에서 가장 큰 공연장인 오페라극장이 2,200석이다. 장충동에 있는 국립극장 해오름극장(대극장)은 눈으로 보기에는 꽤 넓어 보이지만, 객석 간격이 넉넉해 1,500석을 겨우 넘는다. 현재 공연장들과 비교해보아도 엄청나게 큰 공연장이었으니 서울시민회관의 건립은 충분히 감격스러울 만했다.

그러나 한국에 그런 큰 공연이 1년에 몇 개나 있을 것인지를 생각해보면 암울해진다. 생각해보라. 극장이 크면 대관료도 비싸다. 좌석 수로 보나 대관료로 보나 당시 우리 공연예술계가 감당할 수 있는 규모가 아니다. 물론 대통령 취임식이나 국경일 기념행사 같은 정부 행사와 외국 공연단의 내한 공연은 늘 서울시민회관에서 이루어졌다. 그러나 그것은 1년에 몇 번 되지 않는다. 연극 공연장으로는 지나치게 크니 대규모의 교향악단이나 대형 음악극에 어울리는데, 당시 한국에서 3,000석 극장을 2~3일이나마 채울 공연이 1년에 몇 개나 될 것인가. 서울시립교향악단과 예그린악단 같은 국공립 단체의 공연이 고작이었다.

그래서 서울시민회관은 애초의 목적과 달리, 많은 관객을 몰아올 수 있는 영화나 대중예술 공연에 많은 자리를 내어줄 수밖에 없었다. 따지고 보자면 외국 공연단의 내한 공연도 태반이 대중예술이었다. 일본 NHK교향악단 같은 이른바 클래식 음악 단체도 꽤 있었지만, 냇 킹 콜Nat King Cole, 팻 분Pat Boone, 빌리 본Billy Vaughan 악단, 브라더스 포Brothers Four 등 미국 대중음악 스타들이 모두 서울시민회관 무대에서 공연했다.

1992년 신세대문화 시대의 개막을 알린 뉴키즈 온 더 블록New Kids On The Block 내한 공연에 비견되는 청년문화 시대의 개막을 알리는 1969년 10월 클리프 리처드Cliff Richard 내한 공연도 서울시민회관에서 이루어졌다(흔히 언급되는 이화여자대학교 대강당 공연은 하루로 예정된 서울시민회관 공연의 매진으로 급하게 기획된 연장 공연이었다).

패티김의 '바이바이쇼'와 김시스터즈의 내한 공연

흥미로운 것은 영화나 대중예술 공연에서도 서울시민회관이 거의 아무런 제한을 두지 않았다는 점이다. 예술영화만 고른다거나 대중예술 공연에서 특정한 양식을 배제하는 식의 선별이 없이 그냥 대관해준 것으로 보인다. 예컨대 '아시아영

화제' 같은 국제행사나 〈유관순〉 같은 '건전'한 영화만 들어
온 게 아니라 '007 시리즈' 같은 액션영화나 일반적인 멜로
드라마도 상영되었다.

대중음악에서도 좀 점잖아 보이는 경음악(대중음악계의 기악
연주를 이렇게 불렀다), 1963년 미국으로 떠나기 전 패티김의 '패
티김의 바이바이쇼', 미국에서 활동한 김시스터즈의 1970년
내한 공연 같은 것만 들어온 게 아니다. 흘러간 트로트, 허벅
지까지 드러낸 무용수의 라인댄스, 만담가의 우스갯소리와
배삼룡의 개다리춤까지 뒤섞인 쇼에도 아무 제한 없이 개방
되었다. 그러니 서울시민회관 대극장은 그야말로 대중예술의
가장 뜨거운 공연장이었다고 할 만하다.

서울시민회관이 개관한 지 몇 달 후인 1962년 초의 프로
그램들을 살펴보자. 1월 21일부터 서울가극단의 〈쑈는 알고
있다〉, 뒤이어 1월 25일부터는 가극단 모던스테이지의 〈명
동 스토리〉, 2월 5일부터는 당시 연예공연이나 다를 바 없는
〈민속예술대축전〉, 여기에 2월 15일부터 제일소녀가극단 탄
생기념 공연 〈춤추는 자유세계〉가 이어지는 식이다. 모두 노
래, 춤, 코미디와 만담, 짤막한 대중적 음악극 등을 엮은 버라
이어티쇼다. 김정구 등의 선배급 가수부터 현인·백설희 등
1950년대 가수, 블루벨스사중창단이나 이춘희 등 새롭게 등

장한 스탠더드팝 가수, 이종철·구봉서·서영춘·배삼룡·양훈·양석천·백금녀·곽규석 등 쟁쟁한 신구 코미디언들이 출연하는 식의 공연이다. 1960년대 중반을 넘어서면서는 이미자, 패티김, 윤복희, 서영춘, 조영남, 남진, 나훈아 등의 리사이틀이 줄줄이 무대에 올랐다.

그러니 '시민회관을 폼 나게 지어놓고 저속한 대중 쇼나 영화만 올리고 있다'는 비판이 제기되고, '고급한 공연으로는 채울 수가 없는데 국민세금으로 운영되는 공연장을 그저 비워둘 수는 없다'는 현실적 반론이 나왔던 것은 당연한 수순이다. 하지만 뾰쪽한 수가 없었으니 상황은 달라지지 않았고, 논의는 늘 다람쥐 쳇바퀴 돌듯 반복되었다.

한국 록 역사에 기록될 만한 '광란의 공연장'

1960년대 후반으로 들어서도, 정부의 행사나 클래식 음악 공연이 조금 많아졌고, 동아방송DBS, 동양방송TBC, 문화방송MBC 등 급격히 수가 늘어난 방송사가 앞다퉈 서울시민회관에서 행사와 쇼를 개최하는 것이 조금 다를 뿐, 큰 변화가 없었다. 방송사는 연말의 10대 가수쇼와 올스타쇼 등으로 서울시민회관을 채웠고, 아직 방송의 중심에 서지 못했으나 이제 막

솟아오르는 젊은이들의 취향도 서울시민회관에서 먼저 그 폭발력을 과시했다.

이 새로운 젊은이들의 취향이 서울시민회관에서 타오르기 몇 년 전에 이미 이 부근에서 한 번 '광란의 밤'을 불태운 적이 있다. 1964년 비틀스의 카피밴드인 리버풀비틀스가 내한 공연을 했는데, 관중의 태반이 진짜 비틀스가 온다고 착각하고 몰려들었다. 공연 장소는 놀랍게도 경복궁이었고, 무려 5일 동안 공연되었다.

1964년이 어떤 해인가? 비틀스가 록음악의 본토인 미국을 발칵 뒤집어놓은 것이 바로 1964년이었다. 그런데 그해에 한국에도 비틀스가 온다고 신문에 대문짝만 하게 광고가 실렸다. 물론 '짝퉁' 비틀스였으나, 관객의 태반은 진짜 비틀스가 온다고 생각하고 경복궁으로 몰려들었다. 짝퉁인 것을 안 관객 일부가 항의하는 소동이 빚어졌으나 공연은 성황리에 끝났다.

바로 경복궁 무대에 함께 선 '한국의 비틀스'를 표방한 키보이스는 이해에 자신의 창작곡이 포함된 음반을 발매한다. 한국의 본격적인 록그룹 음반으로는 최초다. 간발의 차이로 '한국의 벤쵸스'라고 소문난 신중현의 록그룹 에드훠^{Add4}가 나란히 첫 앨범을 발매했다. 몇 년 후에 대박 히트를 기록한 〈빗 속의 여인〉 같은 노래가 1964년의 이 음반에 수록되어 있으니 참으로 놀랄 만하다.

1966년이 되면 이 흐름이 수면으로 올라와 서울시민회관 무대를 채우게 된다. 당시에는 이런 록그룹을 그룹사운드 혹은 보컬그룹이라고 불렀는데, 1966년 6월 서울시민회관에서 '보컬그룹 경연대회'가 개최된 것이다. 이 대회에는 블루벨스, 이시스터즈, 정시스터즈 등 스탠더드팝 중창단뿐 아니라 차중락·차도균·윤항기 등으로 구성된 '한국의 비틀스' 키보이스, 신중현이 이끈 에드훠 등의 록그룹도 대거 참여했다. 키보이스의 리드보컬 차중락이 고무장화를 신고 나와 엘비스의 노래를 불렀다는 전설적인 무대가 이 대회로 추정된다. 1966년 『중앙일보』와 동양방송 주최로 해마다 열린 '전국 남녀 대학생 재즈페스티벌'의 장소도 서울시민회관이었고, 윤형주·김세환·강근식·정성조 등이 대학생 시절에 모두 여기를 거쳐갔다.

신중현이 키운 펄시스터즈(1968년)와 김추자(1969년)가 등장한 시기에 이르면 새로운 흐름은 더욱 뜨거워졌다. 1969년 '아시아그룹사운드제전'에는 일본, 미국, 인도네시아 등 외국 록밴드가 서울시민회관 무대에 올랐고, 이해부터 '플레이보이컵 쟁탈 보컬그룹 경연대회'가 해마다 열려 트윈폴리오 등

의 포크그룹과 키보이스(앞서 언급한 제1기 멤버가 아닌 〈해변으로
가요〉로 기억되는 제2기 키보이스), 히식스 등 쟁쟁한 록그룹들이
무대에 올랐다. 이제 신중현은 특별 출연자로 모셔지게 되는
데, 록그룹 신중현과 퀘션스는 사이키 조명을 갖고 나와 번쩍
거렸다. 영화 〈고고70〉(최호 감독, 2008)의 모델인 데블스는 해
골이 그려진 의상을 입고 쇼걸을 눕힌 관을 끌고 무대에 올라
관객들을 경악시키기도 했다.

청년문화 바람으로 젊은이들의 취향 변화가 뚜렷해지자 이
런 페스티벌은 해마다 그 수가 늘어났고, 상당수가 서울시민
회관에서 개최되었다. 앞서 이야기한 클리프 리처드 공연의
'광란의 밤'까지 생각하면 이 시대 서울시민회관은 대중예술
이 격동하는 가장 뜨거운 공간이었던 셈이다.

대중예술의 전당이 사라지다

방송사가 주최하는 쇼도 끊임없이 이루어졌다. 말하자면
이미자와 배호부터 남진과 나훈아에 이르기까지 한 시대를
쥐락펴락했던 가수와 코미디언들은 모두 서울시민회관 무대
에서 최고의 환호를 받았다. 당시 연말의 10대 가수쇼와 올
스타쇼 등도 대개 녹화방송이었기에 망정이지, 그렇지 않았

서울시민회관은 이미자와 배호부터 남진과 나훈아에 이르기까지 한 시대를 쥐락펴
락했던 가수들의 무대였다. 그러나 1972년 12월 54명의 목숨을 앗아간 대형 화재가
일어나 전소되었다.

다면 연말마다 치열한 대관 쟁탈전이 벌어졌을 것이다. 아직도 인구에 회자되는 나훈아 피습사건이 벌어진 곳도 서울시민회관이었다. 한국연예단장협회 주최로 열린 올스타쇼에 출연한 나훈아가 〈찻집의 고독〉을 부르다가, 병을 깨어들고 무대로 뛰어올라온 김모 씨에게 얼굴을 찔리는 사건이었다.

결국 서울시민회관의 마지막도 대중문화와 함께였다. 1972년 12월, MBC 개국 11주년 기념 '10대 가수 청백전' 공연이 끝나자마자 화재가 발생했고 그 큰 건물이 전소되었다. 사망자를 54명이나 낸 대형 참사였다. 1971년 크리스마스이브에 대연각 화재사건이 났는데, 꼭 1년 만에 그에 버금가는 화재사고가 터진 것이다.

이로써 서울시민회관의 시대는 막을 내렸다. 이와 함께 중앙청 바로 앞 공공공연장에서 정부 행사와 유명 교향악단과 대중가수의 올스타쇼가 같은 무대에서 이루어지던 시대도 완전히 끝이 났다. 아직 한국의 클래식 음악이나 무용의 양적 성장이 채 이루어지기 전에 건립된 서울시민회관은 의도하지 않게 대중예술의 전당이 되었고, 그 모던하고 간결한 외양만큼이나 '쿨하게' 모든 대형 공연과 행사를 모두 포용했다.

이후 이 자리에 서게 된 세종문화회관은 이름부터 거룩하게도 '세종'이었고, 건물은 화려하고 장식적이었으며 신전처럼 돌기둥을 세워 범접할 수 없는 권위를 드러냈다. 그리고 오랫동안 대중가요와 코미디언들은 이 무대를 디딜 수 없었다. 한국 대중가요는 대한극장·국도극장 등 영화관 무대를 전전하다가 음향이 웅웅 울려대는 체육관에서 공연을 하는 신세가 되었다. 박정희 정권이 10월 유신을 선포하고 '민족'이니 '전통'이니 하는 말들을 종신집권의 명분으로 이용하게 된 바로 그 시점이었다. 10월 유신으로 계엄령을 선포한 날부터 꼭 한 달 반 만에 서울시민회관이 전소되다니, 참 우연치고는 필연적이다.

제6장

공포와 불안감을 조성한 조성한 반공주의의 무대

〈홍길동〉과 〈대괴수 용가리〉

희망에 찬 1960년대의 이미지는 그리 오래가지 않았다. 1960년대 전반기 영화 〈마부〉와 〈맨발의 청춘〉에서 확인된 것처럼 세종로가 희망과 행복이 시작되고 현대적인 연애가 이루어지는 장소로 나타난 것은 그리 긴 기간이 아니었다. 이 로부터 몇 년 후인 1960년대 말부터 1970년대 전반기까지 영화 속의 세종로는 다른 모습으로 등장한다. 짓밟힘의 공포 가 엄습하는 공간으로 나타난 것이다.

1967년은 한국 영화사에서 아주 실험적인 장르영화 2편이

제작되는 해다. 하나는 한국 최초의 극장용 장편 애니메이션 〈홍길동〉(신동헌 감독)이며, 하나는 본격적인 SF 괴수영화 〈대괴수 용가리〉(김기덕 감독)다. 초등학교 1학년 일곱 살배기였던 나는 이 영화를 개봉관 극장에서 보았다. 아주 어릴 적의 기억이기는 하지만, 2편 모두 지금도 기억 속에 남아 있는 장면이 있을 정도로 인상적이었다.

특히 애니메이션 〈홍길동〉은 2008년 부산국제영화제에서 상영되어 다시 볼 수 있었다. 그간 사운드 오리지널 네거티브 필름만 남아 있어 '전설'로만 전해질 뻔한 작품이었는데, 일본에서 일본어 더빙 필름이 발견되었고, 이를 가져다가 한국에 남아 있는 사운드와 결합해 기적적으로 작품을 회생시킬 수 있었던 것이다. 그렇게 부산국제영화제에서 다시 〈홍길동〉을 만나니 감개무량했다. 그런데 무려 40년 전에 딱 한 번 본 영화이지만, 정말 여러 장면이 확실히 본 기억이 있는 장면이었다. 세상에, 이게 아직도 내 기억에 남아 있다니! 〈대괴수 용가리〉 역시 나중에 한국영상자료원을 통해 다시 보았는데, 역시 선명하게 기억나는 장면이 있었다.

지금 생각해보면 그 시절에 어떻게 이런 실험을 할 수 있었을까 싶다. 미군이 쓰다 남은 필름을 가져다가 포스터물감을 칠해 작업하는 등 죽을 고생을 하며 만든 것이 〈홍길동〉이었다는 신동헌 감독의 이야기를 들으면서 마음이 짠할 정도다. 〈대괴수 용가리〉 역시, 그런 특수효과를 만들어냈으니 얼마나 힘들었을까?

그런데 지금의 시점에서 여러모로 따져보면, 〈대괴수 용가리〉가 훨씬 더 무모한 실험이었다고 생각한다. 〈홍길동〉은 만들기 더 쉬웠다는 이야기가 아니다. 둘 다 어마어마하게 무모한 '맨땅에 헤딩' 수준이다. 하지만 극장용 장편 애니메이션의 성공 여부는 순수하게 기술과 자본에 달려 있는 문제임에 비해, 〈대괴수 용가리〉와 같은 작품의 성공은 그것만으로 되는 것이 아니다. 1960년대에 실사 SF 영화를 시도하는 것은 일일이 수작업으로 장편 애니메이션을 만드는 것과는 또 다른 차원의 무모함이었다.

일본의 '고질라'를 본뜬 '대괴수 용가리'

〈대괴수 용가리〉는 괴수영화인 동시에 SF 영화이기도 하다. 봉준호 감독의 〈괴물〉(2006)에서는 한강에서 나온 괴물을 강변둔치에서 오합지졸이나 다름없는 시민의 힘으로 물리친다. 말하자면 SF 영화라고는 볼 수 없다. 그에 비해 〈대괴수 용가리〉는 괴수를 첨단과학의 힘으로 물리친다는 SF적 설정을 했다는 점에서 〈괴물〉과 다르다. 영화란 어느 정도의 현실적 설득력을 갖추어야 관객들의 공감을 얻을 수 있다. 물론 SF 장르가 현실적 개연성을 크게 뛰어넘는 심한 허구를 전제로 한 것이기는 하다. 이를 인정한다고 하더라도, 관객들이 상황에 몰입하려면 SF 나름의 현실적 설득력은 갖추어야 한다.

그런데 생각해보라. 고층빌딩보다 큰 괴수 용가리가 나타나 마구 부수어대는데, 이를 1967년 한국의 과학자들이 막아낸다고? 아직도 우리는 온갖 첨단무기를 미국에서 수입하느라고 엄청난 혈세를 쓰고 있다. 1967년이면 탱크에서 쏘는 포탄도 미국에서 수입했을 것임이 분명하다. 물론 탱크가 포탄을 아무리 쏘아대도 용가리는 끄떡도 하지 않는다. 그런데 그런 무지막지한 괴수를, 포탄조차 생산하지 못하는 1967년 한국의 과학자들이 막아낸다고? 아무리 SF라 해도 도대체 이런 설정에 관객들이 어느 정도 몰입할 수 있을까?

〈대괴수 용가리〉가 제작되던 1960년대는 한국 영화가 양적·질적으로 급성장하던 시기였다. 연간 제작 편수가 200편을 향해 달려가고 멜로·코미디·액션·사극만이 아니라 괴기나 스릴러, 추리, 심지어 웨스턴(서부극)에 이르는 온갖 장르의 영화가 만들어지던 때였다(한국에서 서부극이라니 정말 생각만 해도 기가 막히다). 때마침 일본에서 1954년에 처음 만들어진 괴수영화 '고질라' 시리즈가 1960년대에 들어서서는 거의 해마다 제작될 정도로 인기를 모으고 있었다. 한일수교가 이루어진 후 일본 대중문화의 동향에 민감해졌고, 그 결과 1967년에 〈대괴수 용가리〉와 〈우주 괴인 왕마귀〉(권혁진 감독)가 제작되었던 셈이다. 〈우주 괴인 왕마귀〉는 한국 기술자들의 손으로만 만들어졌다면, 〈대괴수 용가리〉는 일본 기술자들을 불러와 미니어처를 만드는 등 노하우를 그들의 손을 빌렸다.

그런데 일본과 한국은 상황이 다르다. 일본은 20세기에 세계대전을 치러본 경험이 있는 강국이고, 태평양전쟁의 패망에서도 원자폭탄이라는 최첨단 과학의 힘이 개입되었다. 그런 점에서 과학의 힘에 대한 그들의 관심과 자부심은 우리와 비교할 수 없다. 즉, 일본 첨단과학의 힘으로 재앙을 극복한다는 식의 서사가 비교적 대중에게 호소력을 지닐 수 있을 만한 현실적 근거를 지니고 있는 것이다.

그에 비해 우리는 6·25전쟁조차 유엔군의 힘으로 치렀다. 그 시절 한국은 군의 기본 무기인 소총의 국내 개발조차 이루어지지 않은 때였다. 과학자들이 지혜와 용기를 모아 외계인의 지구 침략에 맞선다는 식의 흔한 SF 서사는 과학 강국인 미국이니까 만들어낼 수 있는 발상인 셈이다. 미국이 아니라 한국의 과학자들이 외계인에게서 지구를 지킨다는 줄거리는 생각만 해도 웃음이 터지지 않는가.

아무리 특수효과를 잘 만들어낸다 하더라도, 1960년대 우주로 발사되는 로켓에 탄 조종사가 한국인의 얼굴을 하고 있다면 그것만으로 관객들의 몰입은 바로 깨질 수밖에 없다. 〈대괴수 용가리〉에서는 배우 이순재(당시 이순재는 텔레비전에서는 멜로드라마의 주인공을 도맡을 정도로 인기 있는 배우였다)가 로켓 안에 타고 하늘로 올라가며 "궤도에 진입했습니다"라고 관제센터에 보고한다. 이 보고에 환호하는 관제센터는 엉성하기 그지없다. 요즘 말로 '안습' 수준이다. 초등학교 1학년 학생이던 내가 〈홍길동〉에 비해 〈대괴수 용가리〉가 훨씬 '후지다'고 느낀 것은 바로 이런 대목 때문이었다. 아직도 한국에서 SF 영화가 잘 나오지 못하는 것은 단지 창작자의 역량만의 문제라고 할 수는 없는 것이다.

물론 이런 엉성함이 조금 용서받을 수 있는 것은 그나마 어린이 영화라는 목표 관객의 설정 덕분이다. 주인공도 '영'이라는 이름의 남자 초등학생이다. 젊은 과학자와 함께 호기심 넘치는 초등학생 영이 결정적으로 용가리를 물리치는 아이디어를 내고 그것이 성공을 거두는 것이 결말이다. 어린이용 SF 만화나 애니메이션에서 아주 흔하게 설정되는 인물 구도다. 당시 열 살짜리 남자아이들의 장래희망은 슬슬 '과학자'로 바뀌기 시작했다. 그 이전까지는 주로 단골로 등장하던 것이 대통령, 대장, 군인 같은 것이었는데, 이즈음부터는 과학자가 등장하기 시작한 것이다.

나보다 세 살 많은 오빠 역시 초등학생 때의 장래희망은 우주탐험가(!)였다. 청소년 과학 잡지 『학생과학』이 창간된 것도 이즈음인 1965년이었고, 『새소년』이나 『소년중앙』 같은 어린이 잡지에는 늘 과학과 우주에 대한 읽을거리들이 실렸다. 오빠는 초등학생 시절에 틈만 나면 일본 만화에 나오는 로봇을 그렸고, 몇 년 후 이를 남동생이 고스란히 따라 했다. 그저 로봇 캐릭터만 달라졌을 뿐이다. 문방구 물건으로는 만족할 수 없게 되자 '아카데미과학사' 같은 곳을 들락거리면서 조립키트나 『학생과학』에서 본 과학 재료를 사느라 용돈깨나 썼다. 〈대괴수 용가리〉를 어린이 영화로 설정한 것은 이런 사회적 변화와 무관하지 않을 것이다.

용가리의 침략은 북한 침공의 메타포

어차피 이런 영화는 당시 한국 과학의 현실과 무관하게 승리와 해피엔딩으로 결말 맺을 것임이 자명하다. 어린이 영화였으니 어린이 주인공의 기발한 아이디어가 용가리를 퇴치할 것이라는 것은 안 봐도 뻔한 줄거리였다. 그러니 관객들은 내러티브에 대한 큰 기대가 없었다고 하는 편이 솔직한 이야기일 수 있다. 그럼 도대체 우리는 왜 이 영화를 보러 극장으로 몰려갔을까? 사실 이 영화를 보러가게 만든 지점은 미국 영화에서 보던 뉴욕이나 워싱턴이 아니라 우리가 살고 있는 이 서울 거리를 용가리가 때려 부수고 다니는 장면이 과연 어떻게 만들어졌을까 하는 궁금증이었을 것이다.

창작자들도 이런 점을 모르지 않았을 것이다. 실제로 영화의 거의 대부분은 용가리가 서울 거리를 부수고 다니는 내용으로 채워졌다. 이를 위해서 아주 많은 미니어처가 제작되었고, 이를 위해 일본의 전문가들이 동원되었다. 영화는 부수고 또 부수고 계속 부수는 것의 연속이다. 이 영화를 본 지 무려 50년이 지났지만 내 기억에 생생하게 남아 있는 장면이 용가리가 숭례문을 짓밟고 한강다리를 부수는 장면이었음도 우연이 아닐 것이다.

이 영화는 바로 이 지점에서 현실적 호소력을 발휘했다. 용가리의 발에 중앙청과 서울시민회관이 맥없이 부서지고 불타버리는 장면은 영화 전반부 최고의 장면이다. 영화 속의 미니어처임을 충분히 알고 있었지만, 이 장면은 확실히 관객들에게 충격을 준다.

서울 서북쪽에 용가리가 나타났다는 보고를 받고 탱크들이 총출동한다. 탱크는 세종로 중앙청 앞을 지나 인왕산 쪽으로 향한다. 그러나 아무 소용이 없었다. 서울 시민들은 용가리가 출현했다는 언론 보도에 화들짝 놀라고, 정부가 방송으로 대피를 명령하자 미리 싸놓은 짐을 들고 재빠르게 피난길에 나선다. 이불보따리를 지고 가방을 든 사람들이 종종걸음을 치고 거리를 메우고 있다. 이 장면은 재난영화에서 흔히 등장하는 상투적 장면이니 지금의 감각으로는 별 게 아니라고 치부할 수 있다. 그러나 당시 한국 사람들에게는 각별한 기시감을 느끼게 했다. 세종로를 오가는 탱크와 피난 행렬, 불과 15년 전에 겪었던 전쟁과 피난살이의 경험 때문이다.

그런 점에서 용가리의 침략이란 북한 침공의 메타포로 읽히기에 충분하다. 이는 그저 관객들이 적극적으로 해석했기 때문만은 아니다. 영화에서 이러한 반공주의적 설정은 아주 노골적이다. 용가리는 하필 휴전선 부근에서 땅을 가르고 솟아올랐고, 가장 먼저 부수는 것이 판문점이다. 그리고 인왕산을 넘어 중앙청 뒤로 그 모습을 드러낸다. 중앙청과 서울시민회관을 부순 용가리는 태평로를 지나 서울시청을 부수고 남산을 헤집어 놓고 한강다리에 이른다. 그리고 용가리의 앞발에 한강다리는 무참히 부서진다. 6·25전쟁 때 북한군 침공

〈대괴수 용가리〉는 중앙청과 서울시민회관 등 서울의 도심을 파괴하는 장면으로 유명하다. 그런 점에서 용가리의 침략은 북한 침공의 메타포로 읽히기에 충분했다. (한국영상자료원 제공)

의 육로 코스 그대로다. '북쪽에서 내려온 괴물'에게 세종로가 짓밟힌다는 것은 우리 국민들이 생생하게 지닌 공포와 불안감의 핵심을 찌른 것이다. 게다가 서울 시민의 트라우마 중 하나인 한강다리 파괴 장면을 고스란히 보여주었다. 그러니 이 대목에 이르면 영화는 다 본 것이나 다름이 없다.

반공영화와 국책영화의 시대가 열리다

〈대괴수 용가리〉가 개봉된 1967년은 정치적으로 민감한 시기였다. 대통령 선거와 국회의원 선거가 있는 해였다. 제1차 경제개발5개년계획을 끝낸 정부는 삼선개헌을 해내기 위해 두 선거에서 압승해야만 했다. 장기집권에 대해 민심의 지지가 있었음을 증명하고, 개헌을 위한 국회의 의결정족수도 채워야 했다. 그러니 이때부터 본격적인 장기집권을 위한 온갖 무리한 짓이 자행되고 권위주의적 행태가 노골화될 수밖에 없었다. 이는 박정희 정권의 집권 초창기 때에는 없었던 현상들이다.

민주주의를 퇴보시키고 장기집권을 하는 것에 가장 좋은 명분은 대한민국을 수호해야 한다는 이른바 안보 논리다. 그런데 하필 이듬해인 1968년 1월에 무장공비가 청와대를 향해 내려와 SF 영화 속의 공포가 현실임을 증명했다. 그해 국민교육헌장이 공포되었고, 1969년에 고등학교와 대학교에 교련교육이 의무화되었다. 삼선개헌을 밀어붙여 1971년에 세 번째 대통령 선거를 치르게 된 박정희는 젊은 야당후보 김대중에게 겨우겨우 이겼고, 더는 대통령 직선제와 최소한의 민주적인 헌법으로는 장기집권을 하기 힘들겠다고 판단했는지 아예 대한민국 헌법의 근간을 허물어버렸다.

이듬해인 1972년 전국에 계엄령을 선포한 10월 유신이 그 것이다. 1960년대까지 겨우 유지하고 있던 삼권분립 같은 민주주의 기본 원칙을 완전히 무시하고 대통령 간선제로 종신집권이 가능하도록 만든 희한한 헌법이었고, 이에 반대하는 대학생 조직인 전국민주청년학생총연맹(민청학련)을 잡으려고 맞춤법령(!)인 긴급조치 4호를 발효해 주동자 8명에게 사형을 선고하는 것으로 나아갔다. 결국 1975년에는 이 흐름의 끝장판인 긴급조치 9호가 발효되어 학내 집회의 전면 금지와 총학생회 해체가 단행되었다.

사법살인인 인혁당 사건과 민청학련 사건이 터지기 몇 달 전인 1974년 1월 1일에 영화 〈증언〉이 개봉되었다. 노골적인 국책 반공영화였다. 감독은 임권택이다. 바로 우리가 아는 그 임권택 말이다. B급 감독으로 다작을 하며 겨우겨우 버텨

오던 임권택은 이 대작을 통해 주류 감독으로 성장했다. 탱크가 동원되고 포탄이 터지며 군부대 이동과 전투기 습격 장면 등을 담아야 하는 이런 전쟁영화에는 늘 정부의 지원이 있었는데, 이 영화에는 한국 영화사상 최고의 지원이 이루어졌다. 제작비도 한국 영화사상 최고였다.

이런 영화를 누가 제작했을까? 민간 영화사의 제작이 아니었다. 공기업인 한국영화진흥공사의 제작이다(제작이사 정진우). 이런 점은 1967년 선거 직전에 개봉된 노골적인 홍보영화인 〈팔도강산〉(배석인 감독)과 닮은꼴이다. 〈팔도강산〉은 〈대한뉴스〉를 만드는 국립영화제작소가 제작했다. 이런 〈팔도강산〉과 〈증언〉 같은 영화는 '국책영화'라는 말을 하기에도 좀 부끄럽다. 그저 '국책'을 반영한 정도에 그치는 것이 아니라, 노골적으로 정부와 공기업이 돈을 대어 만들고 정부의 조직망을 이용해 전국으로 유포했다. 학교와 직장에 조직적인 관람을 유도했고 극장이 없는 시골에는 아예 이동영사 행사를 했다. 중학교 2학년생이던 나도 학교 단체관람으로 〈증언〉을 보았다.

이런 정세에서 만들어진 〈증언〉에서는 북한군 침략의 공포를 구태여 메타포로 표현할 필요가 없다. '솔직담백단순무식' 하다고 말해도 결코 심하지 않다. 개봉 당시에도 『동아일보』

영화 〈증언〉은 6·25전쟁을 표방한 노골적인 반공영화이자, 공기업인 한국영화진흥공사가 한국 영화사상 최고의 제작비를 들여 제작한 국책영화였다. 한강 인도교를 재현한 미니어처를 관계자가 촬영에 앞서 살펴보고 있다. (한국영상자료원 제공)

의 평(1월 12일)에서 '반공사상을 너무 정면에 내세웠고 공산주의자들을 피상적으로 묘사'했다고 비판 받았다. 정치에서 민주주의의 껍데기조차 벗어버렸듯이 영화에서도 돌려 말하지 않는 '돌직구'로 들이민다. 이미 25년 전에 보았던 장면, 머릿속에서 수없이 반복재생한 공포스러운 경험, 즉 6·25전쟁이 터져 세종로가 북한군에게 점령당하는 장면이 고스란히 영화 속에서 재현되었다.

말할 것도 없이 세종로 장면과 파괴된 한강다리 장면, 거리를 가득 메운 남부여대의 피난 행렬 장면은 빠지지 않고 들어가 있다. 하지만 실사 영화이지만 이 장면은 현실 속의 세종로에서 촬영될 수 없었다. 세종로는 6·25전쟁 때와는 이미 풍경이 많이 달라져 있었기 때문이다. 그래서 이 두 장면 모두 〈대괴수 용가리〉에서처럼 미니어처를 만드는 방식으로 처리했다. 그렇게라도 세종로와 한강다리 장면은 반드시 들어가야 했다. 이 두 이미지야말로 6·25전쟁이 한국 사람들에게 기억되는 가장 선명한 장면일 터다.

콘크리트조 광화문과 목조건물 광화문

이렇게 영화에서 짓밟히는 세종로를 그려내며 안보 위기가 부추겨질 때, 현실 속의 세종로에는 광화문이 다시 들어섰다. 지금은 세종로의 북쪽에 광화문이 서 있는 것이 너무도 당연하게 느껴진다. 그러나 꽤 오랫동안 그 자리에 광화문은 없었다. 경복궁의 정문인 광화문은 1927년 조선총독부가 들어서면서 해체되어 경복궁의 동문인 건춘문 북쪽으로 옮겨졌다. 임진왜란 때 불탄 것을 흥선대원군이 경복궁 중건을 하면서 1865년 다시 세웠는데, 불과 60여 년 만에 굴욕적으로 이전된 것이다. 그나마 동쪽으로 이전된 광화문은 6·25전쟁 때 폭격으로 불타버렸다.

그런 것을 박정희 정권이 중앙청 앞쪽으로 옮겨 재건한 것이다. 이것도 1967년이다. 이를 과연 우연이라 할 수 있을까? 1967년 선거를 치러 재집권에 성공했고, 그해 11월에 광화문을 옮긴 것이다. 이 시기부터 장기집권의 의도가 노골화되었는데, 광화문 복원 역시 그 의도가 충분히 읽힌다. 박정희 정권의 모토는 '민족적 민주주의'였고, 민주주의의 훼손을 보충이라도 하듯 민족주의·국가주의는 점점 더 강화해갔다. 일본과 북한에 의해 훼손된 광화문을 복원해 중앙청 앞에 세워놓는 일은 민족주의 이미지를 가시적으로 드러내기에 아주 적합한 일이었을 것이다.

그런데 말만 복원이었지만 완전한 복원이 아니었다. 이미 존재하는 중앙청과 도로 등이 문제였다. 즉, 일제는 조선총독부 건물을 세울 때 경복궁이 놓인 방향과 어긋나게 세웠다. 그들이 남산에 세운 신사神社를 향해 조선총독부 건물이 놓일 수 있도록 한 것이다. 그런데 이 건물을 그대로 중앙청 건물로 사용하고 있으니, 광화문을 제 위치와 방향대로 세우면 중앙청과 각도가 어긋날 수밖에 없다. 1967년의 결정은 중앙청 건물과 각도를 맞추는 것이었고, 결국 일본이 만들어놓은 방향대로 광화문을 앉히게 된 셈이다.

재료도 문제였다. 목조가 아닌 콘크리트로 세워졌기 때문이다(그래서 이때의 광화문을 현재 복원된 목조건물 광화문과 구별하기 위해 속칭 '콘크리트조 광화문'이라 부른다). 당시에도 문화재 복원은 무의미하다는 비판이 제기되었지만, 그냥 밀어붙여져 12월 12일에 준공되었다. 늘 그랬듯 속전속결이다. 이렇게 만들어졌으니 광화문은 그냥 '중앙청 대문'이 되었다. 광화문 중앙의 대문 역시 높은 분이 중앙청으로 들어가는 자동차 전용 통로였다. 박정희 대통령이야말로 그 통로를 가장 많이 이용한 사람이었을 것이다. 광화문의 콘크리트 서까래 아래에는 박정희 대통령의 글씨로 한글 현판이 걸렸다. 이 문의 주인이 누구인지 증명이라도 하듯 말이다.

목조건물과 달리 콘크리트로 지으면 천 년을 간다고 선전

하며 지었던 콘크리트조 광화문은 50년도 못 가 헐렸다. 제 위치를 찾고 목조건물로 복원된 현재의 광화문이 2010년에 완공되었다. 그리고 2009년 텔레비전 드라마 〈아이리스〉(KBS-2, 김현준·조규원·김재은 극본, 김규태·양윤호 연출)는 광화문을 복원 중인 세종로에서 북한 테러 조직과의 격렬한 총격전 장면을 촬영했다.

제7장

영자의
뼈아픈
질문

'옆집에 오신 손님 간첩인가 다시 보자'

세종로가 다시 '적'들에게 짓밟힐지도 모른다는 공포가 북돋워지고 있던 1970년 전후 대중문화를 보면 우리 국민은 영영 6·25전쟁 트라우마에서 자유롭지 못할 것처럼 보였다. 6·25전쟁과 북한의 간첩 이야기는 여전히 21세기에 이르기까지 대중예술의 중요한 소재가 되고 있지만, 특히 1960~1970년대는 이런 현상이 가장 극심하던 때였다. 1960년대 초중반에는 〈돌아오지 않는 해병〉(이만희 감독, 1963), 〈빨간 마후라〉(신상옥 감독, 1964), 〈남과 북〉(김기덕 감독,

1964) 등 6·25전쟁 소재 영화가 자리를 잡으며 10년 전 전쟁을 어제 겪은 일처럼 되살려냈다.

그리고 1960년대 후반에는 간첩 소재 영화들이 우수수 쏟아져나옴으로써 북한의 침략에 대한 공포를 지나간 일이 아닌 현재의 것으로 느끼도록 하는 데에 일조하고 있었다. 이 시절 초등학생들은 해마다 6월이 되면 미술시간에 '상기하자 6·25'라고 쓴 포스터를 그렸고, 동네 벽에는 '옆집에 오신 손님 간첩인가 다시 보자' 같은 표어가 붙어 있었다.

휴전된 지 20년이 다 되어가는 1970년부터는 6·25전쟁이 회고담 방식으로 재창조되었다. 중년들의 젊은 시절을 회고하는 일종의 복고풍 작품들이었다. 이 시대 40~50대 중년은 꽃다운 청춘을 태평양전쟁에서 6·25전쟁으로 이어지는 십수 년의 전쟁으로 허망하게 날려버리고 1960년대에 '잘 살아보세'를 외치며 기를 쓰고 살아낸 사람들이었다. 그리고 자신의 과거를 되돌아보고 싶어지는 나이가 되면서 가장 괴롭고 힘들었던 전쟁의 경험을 앞다퉈 들추어냈던 것이다. 1970년 텔레비전 일일극의 시대를 연 〈아씨〉(TBC, 임희재 극본, 고성원 연출)와 1972년 이를 벤치마킹한 〈여로〉(KBS, 이남섭 극본·연출)는 이런 사회심리와 맞물려 유례없는 성공을 거두었다.

그런데 어른들이 이러고 있던 시절에 식민지나 전쟁도 경험하지 않은 '새 나라의 어린이'들이 자라나 청소년이 되었고, 기성세대와 다른 감수성으로 세상을 받아들였다. 험한 세상을 헤쳐온 어른들의 삶을 존중하지 않는 것은 아니나, 기성세대는 어쩔 수 없이 인간다움과 진정성, 자유와 사랑의 가치를 제대로 배워볼 기회가 없었던 사람들로 치부했다. 기성세대의 세상에서 아직 때 묻지 않은 청년들이야말로 인간다움의 가치와 순수함, 내면적 진정성을 지키고 있어야 한다고 생각했다. 청년문화는 이를 드러낸 대중문화 현상이었다.

성매매 여성 영자, 광화문 앞을 거닐다

청년문화를 대표하는 영화와 소설에서 광화문은 어떻게 나타나고 있을까? 하길종, 이장호, 김호선, 이원세, 홍파, 변인식 등이 결성한 동인모임 '영상시대'는 영화 분야의 청년문화를 대표하는 모임이다. 이 시대의 영화를 꼼꼼히 본 사람이라면, 광화문과 서울의 숭례문·흥인지문, 고궁 등이 이전의 영화들과는 매우 다른 모습으로 등장하고 있음을 기억하고 있을 것이다.

김호선 감독의 영화 〈영자의 전성시대〉(1975)에도 후반부에 딱 한 장면, 아주 짧게 광화문이 나온다. 아무 대사도 없이 그냥 스쳐지나가듯 살짝 나오는 짧은 장면이지만, 긴장을 하며 영화를 지켜보던 사람이라면 '어, 저게 뭐지?' 할 정도로 눈에 확 뜨일 만한 장면이다.

이 영화를 보지 않은 사람들은 당시로서는 상당히 파격적인 포스터만 기억할 터이며, 이 영화의 흥행 성공이 이후 수많은 성매매 소재 영화의 제작을 부추긴 측면이 있긴 하다. 하지만 이 영화는 이 시대를 대표하는 리얼리즘 영화로 손꼽힌다.

조선작의 동명의 단편소설을 영화화한 〈영자의 전성시대〉는 하길종 감독의 〈바보들의 행진〉과 더불어 이해 최고의 화제작이었다. 영자라는 농촌의 가난한 소녀가 병든 노모와 줄줄이 딸린 동생의 생활비를 벌기 위해 이농離農해 식모살이, 봉제 노동자, 버스 차장을 거치고, 결국 장애를 얻어 성매매 여성이 되는 이야기다. 지금의 감각으로는 지나치게 상투적이다 싶은 서사지만, 이 시대만 하더라도 꽤나 새롭고 '핫한' 이야기였다.

1960년대 중후반부터 '무작정 상경'이란 말로 대표되던 이촌향도離村向都 현상은 새로운 사회문제가 되고 있었다. 하지만 소설·영화에서는 여전히 열심히 돈 벌어서 고향으로 돌아가는 희망의 서사 혹은 허파에 바람 든 계집애들이 도시에서 몸 망친다는 우려·계도의 서사 사이를 오가던 시절이었다.

1966년 신문 연재소설로 그 리얼리티 면에서 크게 주목받은 이호철의 『서울은 만원이다』에서조차 서울로 몰려든 수많은 사람이 서로 자기네들끼리 사기 치고 정 붙이고 사는 변두리 인생을 세심하게 그려냈지만, 가난한 시골 출신 청소년이 서울의 값싼 인력 시장에 유입되는 전형성을 그리 선명하게 그려내고 있지는 못했다.

그에 비해 1970년대를 넘어서 새롭게 등장한 젊은 작가들의 소설은 이농민들에게 서울이 결코 파라다이스가 아니며 이들이 도시 빈민으로 전락하는 것 역시 구조적인 문제임을 이야기하기 시작했다. 1970년은 흔히 최초의 노동소설이라 일컬어지는 황석영의 「객지」가 발표된 해이며, 서울 평화시장 노동자 전태일의 분신사건이 터진 해이기도 하다. 1970년대로 진입하면서 도시화·산업화의 문제점이 점차 가시화되고 있었고, 이를 빠르게 포착한 것은 젊은 작가들이었다. 영화 〈영자의 전성시대〉는 이런 성과를 빠르게 받아 안아 전형적인 서사로 만들어낸 것이다. 누구도 이 영화를 이 시대 최고의 리얼리즘 영화로 손꼽기를 주저하지 않는 것은 이 때문이다.

〈영자의 전성시대〉는 시골에서 상경한 영자가 성매매 여성으로 전락하는 과정을 그린 리얼리즘 영화다. 영자는 말없이 광화문 앞을 걸으면서 정부와 나라가 자신에게 대체 무엇이냐고 묻는다.

식모살이하던 영자(염복순 분)는 주인집 아들에게 성폭행을 당한 후 비참하게 쫓겨난다. 봉제공장에 취직했으나 월급날 외상값 갚고 남는 돈은 고작 동전 몇 푼이다. 주변에서는 하도 딱해 호스티스나 성매매를 권하기도 하지만 한사코 거부하며 버틴다. 영자는 운전기술을 배워 떳떳이 살겠다는 꿈을 가지고 버스 차장을 선택하지만, 불행하게도 만원버스에서 떨어져 한쪽 팔을 잃는다. 영자는 팔 하나 값으로 받은 보상금을 모조리 고향으로 부치고 자살을 감행하지만 그것도 실패한다.

갈 데 없는 영자는 사창가로 갈 수밖에 없었고, 그곳에서 가장 값싼 화대의 성매매 여성이 된다. 식모살이 시절의 연인이었던 창수(송재호 분)는 군 제대 후 우연히 영자를 만나게 되고, 이렇게 망가져버린 영자를 끝까지 포기하지 않으며 다시 삶의 의욕을 갖도록 도와준다. 그러나 창수 앞에서 사라지는 것이 그를 위하는 길이라는 주변의 조언에 영자는 고민한다.

바로 이 부분에서 광화문이 등장한다. 창수를 떠나야 할지 말아야 할지 고민하는 영자는 어두운 표정으로 광화문 해치상 앞의 대로를 무겁게 걷는다. 아주 짧은 장면이지만 분명 감독이 의도를 가지고 한 공간 선택이다. 이 영화에서는 서울의 이런 중심가가 한 번도 등장하지 않았고 영자가 거주하는 집창촌이란 청량리나 양동 부근에 있을 것이 분명하다. 그런 영자가 뜬금없이 웬 광화문 앞을 걷는단 말인가.

오로지 열심히 산 죄밖에 없으나 결국 한쪽 팔을 잃은 성매매 여성이 되어버린 영자와 권위적인 중앙청 앞에 버티고 선 광화문의 대비는 의도된 것이 분명하다. 그리고 이 선택을 한 감독의 의도가 명확하게 드러나 보인다. '이 여자는 아무런 잘못도 없는데 이다지도 고통스럽게 살아야 한다. 이런 영자에게 정부와 나라란 무슨 의미가 있나? 도대체 이 여자에게 나라가 뭘 해준 게 있나?'라는 질문을 던지고 있는 것이다. 박근혜 대통령 탄핵 시위에서 시민들이 광화문 광장에 들고 나왔던 팻말의 구호처럼 '이게 나라냐?'라고 묻고 있는 것이다.

이태원 캐피탈호텔과 여의도 국회의사당

영상시대 동인들의 영화를 보면 이런 발상의 장면이 계속 발견된다. 김호선 감독은 1989년 〈서울 무지개〉에서도 똑같은 발상의 장면을 보여주었다. 스타를 꿈꾸며 돈 가진 자에게 몸을 허락하며 반짝 스타가 된 유라(강리나 분)는 '어른'에게 낙점된다. 안가에서 호화스럽게 살지만 외부 활동이 금지된 상태인 유라는 결국 도주하고, '어른'의 하수인들은 유라를 폭행하고 윤간해 정신병원에 처박는다('어른'이라는 지칭, 그 '어른'의 얼굴을 비춰주지 않고 후면만 조심스럽게 포착하는 카메라워크, 안가를 운영하고 말끔한 정장 차림의 경호원 등의 설정은 그 '어른'이 대통령 직책을 가진 사람임을 직감하도록 한다. 전두환 대통령 시절 몸이 망가져 미국으로 쫓겨갔다는 정상급 여배우의 소문까지 오버랩되는 서사다. 게다가 그 문제의 여배우는 김호선 감독의 영화로 급성장한 인물이니 더욱 그런 연상을 하도록 한다).

유라의 애인이자 진보적인 사진작가인 준(김주승 분)은 실종된 유라를 찾아헤매다 유라가 처참하게 폭행당하는 이태원까지 달려가지만 구출하는 데에는 실패한다. 상처와 절망이 뒤범벅된 준의 얼굴 뒤로 감독은 이태원 캐피탈호텔을 배치한다. 한밤중 높다란 건물 꼭대기에서 'HOTEL CAPITAL'이란 글자만 위압적으로 빛난다. 하필이면 '캐피탈'이라니! 하필이면 광화문 앞을 걸어가는 영자 장면과 똑같은 발상이다.

이장호 감독은 한 술 더 뜨는 장면을 만들었다. 1974년 데뷔작 〈별들의 고향〉의 히트로 영화계를 놀라게 한 그는 대마초 사건을 겪으며 영화시장에서 쫓겨나 떠돌았다. 그러나 그 기간에 그는 사회 현실에 눈뜨게 되었고, 박정희 정권이 끝나고 난 뒤인 1980년에 〈바람 불어 좋은 날〉이란 새로운 경향으로 영화계에 복귀한다. '국민배우' 안성기의 성인 복귀작(안성기는 영화제작자 안화영의 아들로 5세 때 김기영 감독의 〈황혼열차〉로 데뷔했다. 김기영 감독의 대표작 〈하녀〉에 나오는 연기 잘하는 남자 아역배우가 바로 안성기다)으로 잘 알려진 이 작품은 한창 뜨고 있던 강남 끄트머리 동네 하층민들의 이야기를 잘 담아낸 1980년대의 명작으로 평가받는다.

이장호의 1980년대 작품 중 '저주받은 걸작'이라 할 만한 작품이 있는데, 1984년 〈바보선언〉이 그것이다. 시나리오 검열로 도대체 작품을 제대로 만들 수가 없어서, 아예 시나리오 없이 이것저것 촬영을 하고 나중에 편집을 하면서 스토리가 완성되었다는 일화를 남기고 있는 기이한 작품이다. 일찌감치 어우동 역할로 점찍어 뽑아두었던 이보희와 당시 극단 연우무대의 연극배우였고 후에 문화부 장관을 지낸 김명곤이 주연을 맡았다.

영화는 당시로서는 매우 파격적인 비사실주의적 톤으로 일관하고 있어, 개봉할 당시에는 관객들에게 외면 받았고 흥행에 참패했다(거의 같은 시기에 그의 조연출 출신인 배창호의 〈고래사냥〉이 대박 히트를 한 것과 크게 대조되었다). 이후 이장호는 '잘 팔리는 작품'을 만들겠다고 마음을 먹고 〈무릎과 무릎 사이〉(1984), 〈어우동〉(1985), 〈이장호의 외인구단〉(1986) 등으로 연타 히트 행진을 하게 된다. 정황이 이러하니 〈바보선언〉 같은 작품은 1980년대에는 거의 전무후무한 영화일 수밖에 없었다.

이 영화의 마지막 부분에는 밑바닥 인생 똥칠(김명곤 분)과 육덕(이희성 분)이 여의도 광장에서 웃통을 벗고 발광하는 듯 막춤을 추는 장면이 나온다. 그런데 감독은 그들 뒤로 거대한 국회의사당을 배치해놓았다. 하필 여의도 국회의사당이라니! 어설프지만 격하게 팔다리를 휘두르는 그들의 몸짓은 국회에 대고 격렬한 항의를 하는 것처럼 보인다. 그런데 설상가상, 이 장면에서 배경음악으로 찬송가 521장 '어느 민족 누구게나 결단할 때 있나니'가 혼성4부 합창으로 엄숙하게 흘러나온다.

'국민들이 이렇게 살고 있는데 정치인들은 도대체 뭐하는 거냐'는 질타와 '이제 국민들이 참지 말고 무언가 결단을 해야 한다'는 메시지가 분명하게 전달된다. 메시지나 전달 방식이나 모두 기발하고 생경하긴 하다. 이런 작품이 당시의 엄혹한 검열에서 어떻게 통과될 수 있었을까 싶기도 하다(당시 영화 검열은 시나리오 검열 이후에 완성된 필름을 대상으로 2차 검열이 이루어졌다). 아마 작품 전체가 비사실주의적인 블랙코미디의 기조를 유지하고 있어서 가능했을 것이다. 겨우겨우 살아남은 이장호다운 명장면이다.

그런데 이 세대의 영화 속에 광화문보다 빈번하게 등장하
는 것은 고궁 등 조선시대 고건축물이다. 청년문화를 대표하
는 영화 〈바보들의 행진〉에서 병태의 친구 영철(하재영 분)은
술값이 없어 옷을 잡히고는 내복 바람으로 내쫓긴다. 통금이
임박한 텅 빈 거리를 내복 차림의 영철이 걸어가는데, 그 뒤
로 거대한 숭례문이 보인다. 영철은 숭례문을 향해 장난스럽
게 과장된 포즈로 거수경례를 하고 〈댄서의 순정〉을 휘파람
으로 불며 지나간다.

이장호 감독의 조연출로 시작한 배창호 감독 역시 조선시
대의 사대문과 궁궐을 즐겨 배치했다. 〈고래사냥〉(1984)의 왕
초(안성기 분)는 동대문(당시에는 '흥인지문'보다 이 명칭이 익숙했다)
이나 창경원(당시에는 동물원이 있었다)에서 노숙을 하며 사는 거
지다. 우연히 만난 대학생 병태(김수철 분)와 의기투합하는 장
소도 바로 그 동물원이다. 우리에 갇힌 동물들이 울부짖는 앞
에서 병태는 성매매 여성(이미숙 분)을 구하겠노라 맹세하고,
명정전明政殿 앞에서 왕초는 병태를 부하로 임명한다.

품계석이 즐비한 곳에 거지꼴의 키 작은 안경잡이 병태가
어벙하고 순진한 얼굴로 맹세를 하는데, 관록 있는 거지 왕초

는 코믹한 얼굴 표정을 지으며 높다란 계단에서 임금처럼 그 부하를 굽어보며 연극이나 하듯 임명의 멘트를 날린다. 거지들끼리 벼슬을 주고받는 이 장난은 배경인 궁궐과 결합하면서 씁쓸한 풍자의 냄새를 풍겨내고 있다. 배창호는 자신의 다른 영화 〈꼬방동네 사람들〉(1982), 〈고래사냥 2〉(1985)에도 숭례문을 등장시킨다. 시각적으로 멋질 뿐 아니라 여러 복잡한 의미를 만들어내는 아주 흥미로운 공간이라고 생각하고 있는 것이다.

창경궁·숭례문과 거지꼴의 주인공이 우스꽝스럽게 조합되는 이런 장면은 많은 생각을 하게 한다. 그곳은 날로 빡빡해지는 현대적 도시 서울에서 그나마 숨 쉴 틈새 같은 곳이다. 그러나 그것만은 아니다. 그곳은 우리의 뿌리이며, 식민지로 전락하기 이전 시대에는 품위 있었던 왕조의 흔적이다. 일제 식민지와 전쟁 한가운데를 살아온 부모·조부모 세대는 품위를 되찾기는커녕 결정적으로 잃어버렸고 오로지 먹고사는 일, 죽지 않고 생존하는 것, 물질적 성장 같은 것에만 매달리는 속물적 모습을 보여주었다. 숭례문이나 창경궁 같은 건물은 퇴락하기는 했으나 품위의 흔적을 유지하고 있는데, 속물스러운 부모 세대는 그조차 갖고 있지 못하다.

영철·병태·왕초처럼 기성세대의 룰에서 벗어난 청년들이

야말로, 기성세대가 뒷전으로 밀어놓은 그 가치와 품위, 아름다움을 기억하고 거기에 애정을 갖는 사람들이다. 1970년대 초에 대학가에서 한글이름 짓기, 탈춤·마당극 운동, 판소리 감상회, 단소 배우기 같은 새로운 문화적 현상이 일어난 것과 일맥상통한다. 그러나 한편, 조선이란 망한 나라이며 왕조는 낡은 시대의 것이다. 정색을 하며 그 궁궐 앞에 무릎 꿇는 것은 우스운 일이다. 그들은 그 궁궐의 낡은 권위에 야유를 보내면서도 그렇게 버려지고 퇴락하면서도 한 자락 품위를 잃지 않는 궁궐에 연민과 존경의 태도를 보낸다. 그것이 그들이 고궁과 소통하는 방식인 것이다.

고궁의 울부짖음이 들린다

이들 영화에 나타나는 이런 이미지를 가장 선명하게 의미화한 것은 이들 영화의 원작자이자 이들과 선후배 사이로 엮여 친하게 지낸 최인호의 소설이다. 최인호의 장편소설 『도시의 사냥꾼』(1977)의 두 주인공인 현국과 승혜가 처음 만나는 곳이 바로 '창경원'이다. 현국은 꽤 오랫동안 새벽마다 창경원을 찾았다(〈고래사냥〉의 창경원 장면도 새벽·아침으로 설정되어 있다). 우리에 갇힌 동물의 울부짖음 때문이다. 대낮에는 관람객의 소음으로 들리지 않지만 한밤중부터는 우리에 갇힌 동물들의 처절한 울부짖음이 들린다는 것이다.

그는 밤마다 잠을 이루지 못하고 결국 새벽마다 그곳을 찾는다. 현국이란 인물의 그 출생이 범상치 않다. 그는 조선의 왕자와 기생 사이에서 태어난 혼외자婚外子로 설정되어 있다 (1970년 즈음에 〈비둘기집〉이란 노래로 인기를 모은 이석이란 가수가 고종의 손자인데, 거기에서 힌트를 얻었을 법하다). 고귀한 왕손이긴 하지만 망해버린 왕조의 후손이며 게다가 윤리적이지도 떳떳하지도 못한 혼외자란 설정은 나라를 잃는 굴욕을 겪고 결국 동물원으로 전락해버린 옛 왕조의 궁궐과 겹쳐지는 이미지다.

청년문화 세대는 선조들에게 이런 모순덩어리와 치욕으로 뒤범벅된 품위를 유산으로 물려받았다. 현국이 그렇게 태어나고 싶었던 것이 아닌 것처럼 말이다. 이는 그들의 선택이 아니지만 과거라는 굴레에서 자유로울 수 없다. 동물원 우리에 갇힌 동물들처럼 자신이 원하지 않은 곳에 갇혀 있는 것이다.

이쯤 되면 앞서 이야기한 청년문화 세대를 대표하는 감독의 영화들에서 등장하는 장면의 의미가 비교적 선명하게 보인다. 쇠락해가는 고궁과 숭례문에 대한 연민과 일말의 존경, 야유와 부정이 뒤범벅된 태도를 보이는 것은 이런 의미로 읽어낼 수 있다. 그나마 이것들에 대해 공감과 애정을 보이는 것도 병태나 현국처럼 마음이 순수한 청년들이 할 수 있는 일이다. 그들은 동물들의 울음소리에 함께 가슴 아파하고, 퇴색해가는 단청의 건물에 몸을 기대며 잠을 청한다. 먹고살기 바쁜 대부분의 사람들은 동물들의 울부짖음에 아랑곳없이 동물들을 보고 즐기며, 문화재라 지정해놓고는 무심히 지나칠 뿐이다. 이 시대를 대표하는 자작곡 가수 김민기도 이렇게 노래했다.

1. 간밤에 바람은 말을 하였고 / 고궁의 탑도 말을 하였고 / 할미의 패인 눈도 말을 했으나 / 말 같지 않은 말에 지친 내 귀가 / 말들을 모두 잊어 듣지 못했네
3. 잘리운 가로수는 말을 하였고 / 무너진 돌담도 말을 하였고 / 빼앗긴 시인도 말을 했으나 / 말 같지 않은 말에 지친 내 귀가 / 말들을 모두 잊어 듣지 못했네
- 〈잃어버린 말〉(김민기 작사·작곡, 1972. 1993년 음반으로 발표)

카메라가 간밤의 바람, 고궁의 탑, 할미의 패인 눈, 잘린 가로수, 무너진 돌담 등을 범상치 않게 포착하고 지나가는 영화적 이미지가 느껴지는 노래다. 대사 한마디 없어도 그저 이 이미지만으로 무언가를 이야기하고 있는 영화처럼, 노래의

광화문은 한국·근현대사의 영욕을 가장 고스란히 보여주는 건물이다. 그래서 간밤의 바람, 고궁의 탑, 무너진 돌담 등이 말없이 울부짖는다고 노래하는 것이다. 1968년 12월 광화문 복원 현판식 모습.

작가는 이것이 자신에게 무언가를 말하고 있다고 노래한다. 그러나 이미 탁해진 이 세상은 그들의 말을 듣지 못하고 자신도 예외는 아니다. '말 같지 않은 말'이 넘치는 이 탁한 세상에서 오히려 우리가 귀기울여야 하는 것은 소리 높여 외쳐대는 말이 아니라, 고궁의 탑과 간밤의 바람과 할미의 패인 눈이 하고 있는 말이라는 것이다.

이 노래에서도 '듣지 못했'다고 노래하듯, 청년문화를 대표하는 영화감독들은 창경궁과 숭례문을 그리 자주 등장시키면서도 그에 대해 구체적으로 '말하지' 않는다. 말 없는 말을 들으라는 듯, 슬쩍 배경으로만 등장시키고 지나갈 뿐이다.

하물며 화려하게 새로 채색된 콘크리트조 광화문에 무슨 말을 덧붙일 것인가. 그 존재 자체가 너무도 분명하게 많은 것을 이야기하고 있지 않은가. 일제에 유린당했고 해체되어 밀려났고, 그나마 전쟁으로 불탔고, 이제는 짝퉁처럼 콘크리트로 만들어져 조선총독부로 쓰이던 건물 앞에 떡하니 세워진 그 광화문, 그것이야말로 한국 근현대사의 영욕을 가장 고스란히 보여주는 건물이니 말이다.

그 앞으로 팔 하나가 없는 영자가 고민스러운 표정을 짓고 걸어간다. 그의 고민은 단순하고, 그래서 더 슬프다. 자신을 사랑해주고 자신도 사랑하는 그 남자를 과연 포기해야 하는

가 하는 고민이다. 영화 〈영자의 전성시대〉에서 식모살이 시절의 영자는 철공소 노동자 창수가 군대 가기 전에 이미 그와 미래를 약속했다.

영자가 장애인이 아니었더라면, 성매매 여성이 아니었더라면, 아니 매일 만원버스 문짝에 매달려 목숨을 걸어야 하는 버스 차장 노릇만 하지 않았더라면, 그 봉제공장에서 웬만큼 먹고살 만큼의 월급이 나왔더라면, 성폭행한 아들은 내버려둔 채 피해자 가정부만 내쫓는 주인을 만나지 않았어도, 영자는 이런 고민을 하지 않고 사랑하는 창수와 결혼할 수 있었을 것이다. 그런 영자가 콘크리트조 광화문 앞을 아무 말 없이 걸어간다. 대사 한마디 없어도, 그것만으로 충분하다.

제8장

그들은 자유에 미쳤다

청년문화를 향유한 '새 나라의 어린이들'

같이 살고 있어도 같은 세상을 사는 게 아니다. 사람들은 늘 자신이 경험하고 느끼는 것을, 거기 같이 있었던 내 자식과 내 부모도 똑같이 경험하고 느꼈을 것이라 생각하지만 전혀 그렇지 않다. 일제강점기와 전쟁을 기억하던 세대들에게 1960~1970년대 세종로와 광화문 네거리의 변화는 자부심 넘치는 변화였을 테지만, 1970년대의 청소년들에게는 그저 당연한 것으로 받아들여졌다. 서울시민회관·국제극장·미국대사관 건물의 현대성은 이제 감동스러운 게 아니었다.

1960년대 말부터 콘크리트조 광화문과 이순신 동상이 세워지면서 세종로의 외양은 크게 변화했지만, 이 역시 사람마다 꽤 다른 느낌으로 받아들여졌을 수 있다. 식민지와 전쟁의 폐허를 기억하는 사람들에게는 감격스러웠을 수 있고, 4·19 혁명 때 그 거리에서 피를 흘렸던 사람들은 박정희의 극단적으로 권위주의적이고 억압적인 선회가 크게 우려스러웠을 것이고, 서울에서 자라며 1970년대에 청소년기를 맞은 아이들은 그저 '꼰대'들의 촌스러운 짓이라 치부하며 삐딱한 표정으로 그 동네를 헤집고 다녔을 수 있다.

그랬다. 정말 1970년대 초, 그 거리는 청소년들이 헤집고 다니는 곳이 되었다. 언제든 청소년이 없는 시대가 있었으랴마는, 이 시대의 청소년들은 특히 주목할 만하다. 식민지와 전쟁 경험이 없는 세대로 한글과 우리 역사, 미국식 민주주의 등을 학교에서 배우고, 미국식 자유주의를 동경하며 대학생 언니·오빠들이 데모하는 것을 늘 보면서 성장했다. 게다가 무엇보다도 전후戰後 분위기에서 태어난 이들은 엄청난 '다수'였고, 어른들은 이 '새 나라의 어린이'들을 잘 키워보려고 놀라운 향학열을 보였다.

초등학교는 아침반·점심반의 2부제 수업은 물론 변두리 학교들은 오후반까지 더 얹어 3부제 수업을 돌려야 했는데도

70명 이상이 들끓는 콩나물 교실이었다. 이들이 초등학교를 졸업하면서 점차 상급학교로 입시 열풍이 확산되었다. 대학을 향해 중고등학교를 진학하는 학생 수가 폭증했기 때문이다. 일류 학교 진학을 위한 치맛바람이 드세졌고, 입시 대비 참고서와 학원도 성황을 이루었다.

청년문화가 전 사회적 화두가 된 것은 단지 몇몇 뛰어난 대중음악인과 영화인의 힘 때문이 아니라, 1950년대 중후반에 태어난 엄청나게 많은 수의 아이들이 청소년기에 도달했기 때문이다. 즉, 이들이 청년문화의 거대한 향유층을 이루었기 때문에 가능해진 문화였던 것이다.

세종로와 종로는 다시 새롭게 활력을 갖기 시작했다. 이제 청소년이 된 이 '새 나라의 어린이'들이 그 거리를 메우고 다니면서다. 세종로와 종로는 조선시대 최고의 중심지였다. 궁궐과 육조거리, 시전이 펼쳐진 곳이었기 때문이다. 도성의 동대문 흥인지문과 서대문 돈의문을 연결하는 길은 20세기 이후 식민지로 개발될 때에도 여전히 제1순위의 길이었다. 전차가 가장 먼저 다닌 길이고, 지하철도 1호선이 놓인 길이 그곳이었다. 그에 비해 청계천 남쪽인 남촌은 조선시대에는 북촌과 서촌처럼 세도가와 부자들이 사는 동네가 아니었다. 남산에 해가 가려 그늘이 진 곳이 많았고 비가 와도 잘 마르지 않아 땅이 질척거렸다. 오죽하면 지명이 '진고개'였겠는가.

중산층 청소년들의 근거지는 종로였다

그러나 이런 세종로·종로는 일제강점기에 일본인들이 개발한 명동·충무로에 중심지의 권위를 내주었다. 조선인의 근거지였던 청계천 북쪽은 일본인이 많이 살았던 화려한 남촌에 비해 남루해졌다. 해방 후에도 여전히 서울에서 가장 화려하고 활력 있는 곳은 명동과 충무로였다. 1950년대는 물론 1960년대까지도 수많은 '명동백작'과 장안의 청춘남녀가 화려한 명동의 활력을 유지했다. 그러던 흐름에 변화가 생긴 것이 1970년대였다.

물론 1970년대에도 명동은 여전히 화려하고 북적거리는 곳이었다. 하지만 이 시기 새로운 세대인 청소년들에게 명동은 이미 기성세대가 만들어놓은 그들의 번화가였다. 청소년들이 만만하게 가기 힘든 곳이고, 가봤자 위화감만 느껴지는 곳이었다. 명동의 옷가게와 술집, 음식점, 구둣가게 등은 너무 비싸 중고생은 물론 대학생조차 드나들기 힘들었다.

그저 큰마음 먹고 부모가 백화점에서 선물을 사주겠다고 해서 나섰거나, 여대생과 미팅을 하기 위해 모처럼 때 빼고 광내고 찾아가는 곳이 명동이었다. 영화 〈바보들의 행진〉에서 대학생 병태와 영철이가 종강 기념으로 여자대학 학생들과 미팅을 하기 위해 목욕하고 양복에 넥타이까지 차려입고 가는 곳이 바로 명동이다. 이런 명동에 비해, 이 시대 청소년들이 만만하게 헤집고 다니던 거리는 종로와 세종로였다.

1. 모두들 잠 들은 고요한 이 밤에 / 어이 해 나 홀로 잠 못 이루나 / 넘기는 책 속에 수많은 글들이 / 어이 해 한 자도 뵈이질 않나 / 그건 너 그건 너 / 바로 너 때문이야
2. 어제는 비가 오는 종로거리를 / 우산도 안 받고 혼자 걸었네 / 우연히 마주친 동창생 녀석이 / 너 미쳤니 하면서 껄껄 웃더군 / 그건 너 그건 너 / 바로 너 때문이야
- 〈그건 너〉(이장희 작사 · 작곡, 1973)

노래의 주인공은 '학생'일 가능성이 높다. 1절에서 '넘기는 책 속에 수많은 글들이'라고 노래하는 것이 힌트다. 애인 때문에 무언가에 집중할 수 없고 안절부절못하는 심사야 대중가요에서 늘 등장하는 모습이지만, 책을 읽어야 하는 주인공이 등장하는 일은 그리 흔치 않다. 이건 분명 학생이라고 보아도 그리 틀리지 않은 것이다. 게다가 이 주인공은 거리에서

'동창생'을 만난다.

대도시에서 성장해 계속 학교만 다니던 이 세대 아이들의 인맥은 지연·혈연이 아닌 학연學緣으로 이루어지기 시작했다. 이런 인물이 우울한 마음을 드러내며 편하게 헤매고 다니는 거리, 게다가 동창생을 만나는 거리가 종로라는 것은 우연이 아니다. 당시 서울의 중산층 청소년들의 근거지가 바로 종로였기 때문이다.

당시 종로와 세종로 부근에는 명문 중고등학교가 밀집해 있었다. 경기·서울·경복·중앙·배재·양정·휘문·보성 등의 남자 중고교, 경기·이화·숙명·진명·정신·창덕·풍문·덕성 등의 여자 중고교가 모두 종로 북쪽과 세종로 부근에 포진해 있었다. 그 시절 이런 학교들을 지도 속에 그려놓고 보면 정동의 이화여자고등학교부터 종로5가 정신여자고등학교에 이르기까지 정말 빼곡하다. 그러니 광화문 로터리에서 종로3가에 이르는 길에는 이들이 이용할 공간들이 생겨날 수밖에 없었다. 학교를 마친 학생들이 모두 종로로 나오게 되었으니 말이다. 인문계 학생들이 이용할 공간이란 대학 입시를 위한 학원, 공부에 필요한 책을 파는 서점, 이런 학생들이 드나들 만한 음식점 같은 것이다.

종로2가를 중심으로 관훈동부터 관철동 부근에는 재학생

들이 주로 다니는 단과반 학원들이 생겼다. 종로2가 한복판에 있던 YMCA는 아예 학원 사업까지 했다. 제일학원, 등용문학원, 대일학원 등 정말 많은 학원이 우후죽순처럼 생겼다. 1970년대 후반의 내 경험으로는 인기 강사의 강좌는 수백 명이 한 교실에 앉아서 수강했고, 강좌를 빨리 신청하지 않으면 마감이 되는 곳도 흔했다. 그런 수업이 새벽부터 한밤중까지 이어졌다. 월말이 가까워지면 학원 로비에는 수업 시간표를 알리는 전단지가 산처럼 쌓였다.

YMCA의 맞은편, 그러니까 종로2가의 남쪽 거리에는 종로서적과 양우당 등의 대형 서점들이 줄지어 있었다. 지금의 교보문고처럼 넓은 면적을 차지한 것은 아니었으나 큰 건물의 여러 층을 모두 사용하는 서점들이 흔했다. 동네 책방과는 비교할 수 없는 수준이었으니 학교 앞에서는 살 수 없었던 책들을 구하려면 이곳에 가야 했다. 이런 대형 서점이 외국서적을 취급하는 종로1가의 범한서적에서 시작해 종로2가가 거의 끝나는 지점에 이르기까지 빼곡했다. 그리고 그 중심은 역시 종로서적이었다.

종로서적은 6층 건물 전체가 서점이었는데, 그 어떤 서점에 비해서도 많은 책을 보유하고 있었고, 손님이 원하는 책을 척척 찾아주는 숙련된 직원들이 있었다. 요즘은 서점 내의 책

서울 종로2가에는 제일학원, 등용문학원, 대일학원 등 학원이 우후죽순처럼 생겨났고, 종로서적과 양우당, 종로서적 등 대형 서점들이 줄지어 있었다. 그래서 학생들은 학교가 파하면 종로로 몰려들었다. © 중앙일보

의 위치를 모두 인터넷에 등록해 점원들이 그것을 보고 책을 찾아주지만 당시에는 그런 것도 없었으니 그 점원들의 숙련도가 놀라울 정도였다. 1980년대에 화려한 교보문고가 광화문에 들어섰는데, 책을 찾아달라는 내 주문에 점원들이 허둥거리고 책의 분류가 어설프게 되어 있는 것을 보고 실망이 컸던 기억이 있다. 거리의 모습이 이러했으니 학생들은 학교가 파하면 종로와 세종로로 몰려나와 학원에 가고 서점에 들렀다. 그중 여유 있는 학생들은 YMCA의 모임에도 기웃거렸다.

고교 평준화와 재수생들

입시학원은 1970년대 중반을 치달으면서 점점 늘어났다. 그저 그 학령의 학생 수가 늘어나서만은 아닐 것이다. 1969년도부터 중학교가, 1974년도부터는 고등학교가 무시험으로 학생을 선발했다. 정부로서는 10세 때부터 치열해지는 입시 전쟁과 사교육 열풍을 조금이나마 완화시켜보고자 한 조치였고, 실제로 초등학교와 중학교의 과외 열풍은 잠재울 수 있었다. 하지만 결국은 대학 입시에서 병목 현상이 생겨 대입 전쟁터는 더 뜨거워졌다.

1973년도부터 서울 시내 인문계 고교는 평준화되었고, 대학 입시에서 생애 첫 경쟁적 입시를 만나게 된 아이들은 학원 단과반 한두 과목은 수강해야 마음이 놓였다. 이제 서울 시내 중심부에 모여 있던 입시명문이 사라졌고, 서울의 외곽 지역에 있는 학교까지 학력이 거의 평준화된 상태였다. 말하자면 대학을 향한 경쟁이 서울 전 지역의 인문계 고등학교에서 똑같이 벌어지게 된 것이다. 이제 서울의 중심부뿐 아니라 외곽 지역의 학생들도 종로로 몰려들게 되었다.

종로2가는 새벽부터 밤까지 학생들로 바글바글했다. 당연히 청소년이 들락거리는 다양한 점포들이 생겼다. 종로서적 바로 옆에 품격 있는 제과점 고려당이 있었지만, 그와는 분위기가 사뭇 다른 떡볶이와 어묵꼬치, 비빔냉면 등을 파는 '분식 센터'(그때는 이렇게 불렀다. 뒤이어 '스낵코너'란 말로 대체되었다)가 청소년들에게는 훨씬 편했다. 1970년대 말 즈음에는 팬시 상품을 파는 가게도 생겼다. 학생들은 가끔 세고비아 기타를 파는 악기점과 레코드 가게 앞에서 군침을 흘렸다. 그리고 대학생 문화를 흠모하던 축들은 '예술영화'란 걸 상영하던 경복궁 앞 프랑스문화원이나 무교동의 클래식 음악 감상실 '르네상스' 등을 기웃거리기도 했다.

인문계 고교생이 늘어남에 따라 재수생도 늘어났다. 이미 1960년대 말부터 재수생은 사회의 골칫거리로 부상했다. 해마다 대학 입시가 끝날 즈음엔 실의에 빠진 재수생의 자살 사건이 터졌고, 급기야 1976년 1월에는 대통령이 재수생 문제를 해결하라는 지시를 내리기에 이르렀다.

재수생을 위한 전일제 종합반 학원도 급성장했다. 서울시민회관 뒤편의 대성학원, 종로서적 뒤편의 종로학원이 양대 '명문' 학원이었다. 대성학원과 종로학원의 서울대반에 들어가는 일은 웬만한 대학 입시보다도 힘들다는 소리가 나왔다. 대성학원·세종학원 등이 있는 서울시민회관 뒤편 골목은 아예 재수학원 골목으로 불렸고, 광화문에는 발에 채이는 게 재수생이라고들 했다. 두발과 패션이 자유로웠던 재수생들은 중고생의 아지트인 분식 센터·빵집만이 아니라 당구장·술집·고고장 등을 드나들 수 있었고, 세종로와 종로에는 이들이 즐길 곳들이 생겨났다.

청소년들이 즐기는 종로·세종로와 기성세대가 많이 찾는 명동·소공동은 음식점·술집부터 사뭇 다른 분위기일 수밖에 없었다. 이들은 대학에 진학하거나 직장에 들어간 후에도 값싸고 편한 분위기의 종로·세종로를 즐겨 찾았다. 꼭 고교생이 바글거리는 분식 센터나 재수생이 바글거리는 술집에 간다는 말은 아니다. 그냥 이들은 중장년 직장인들이 찾는 소공동·서린동이나 화려한 명동·충무로보다 그저 종로와 세종로 부근에서 노는 것이 편했다는 말이다. 이들과 어울리는 공간들이 생겨나 이 세대가 원하는 음악을 틀어주었고 부담 없는 가격의 음식과 술을 제공했기 때문이다.

문어처럼 먹물을 뿜어 하얀 순수를 빼앗는 사람들

흔히 1970년대 청년문화를 대학생 중심으로 설명한다. 이 문화의 방향을 대학생들이 이끌었다는 점에서 이런 설명은 타당하다. 그러나 양적으로 보자면 대학생의 문화는 오히려 소수였다. 대학을 바라보고 있던 중고교생과 재수생, 대입 포기 청소년 등은 대학생보다 훨씬 많은 수를 차지하고 있었고, 이들이야말로 청년문화를 지탱해주는 튼튼한 토대였다. 그런 점에서 연세대학교·이화여자대학교 학생으로 추정되는 병태와 영자를 주인공 삼은 최인호의 『바보들의 행진』(1974)이 나온 지 몇 년 후, 절망한 재수생들을 다룬 윤정모의 『광화문통 아이』(1976)가 나왔음도 함께 주목해야 한다. 대개 1980년대 『고삐』 이후의 윤정모만 기억하는 사람이라면, 다소 의외다 싶은 소설이다.

몇 년째 광화문 학원가에서 쳇바퀴를 돌던 하림이란 남자와 상실과 환멸에 젖어 있는 대학원생이자 시간강사인 30세

여자 준희가 무작정 현실도피적인 여행을 떠나는 이야기다. 이들은 광화문 학원가를 '제로지대', 재수생들을 '바보 박사'라 자조한다. 예비고사가 끝난 12월부터 일찌감치 재수를 결정한 새 얼굴들이 세종로를 채우고, 게으름과 무력감을 못 견디며 당구장과 맥줏집으로 몰려가는 여름을 거쳐 다시 입시철로 되돌아오는 한 해의 흐름이 뚜렷한 곳이다.

매해 겨울마다 몇몇은 빠져나가고 몇몇은 암담한 한 해를 견뎌야 하는 일이 반복된다. "재수생이 늘고 있다. 40만에서 어느새 60만이 되어간단다. 큰일이야 큰일"이라며 걱정을 늘어놓는 어른들의 입은 주먹으로라도 막고 싶어 한다. 어른들은 '문어처럼 먹물을 뿜'어 자신들의 '하얀 순수를 빼앗는' 사람들이니 그들의 세계에 가까이 가지 않게 조심하라 이른다. 담배연기 자욱하고 DJ박스에서 팝송이 흘러나오며 종업원은 주문을 다그치지 않는 'A·R'이란 생맥줏집 풍경이 생생히 묘사되어 있다.

전인권의 자서전 『걱정 말아요 그대』(2005)에 그려진 그 시절 광화문 풍경은 이보다 훨씬 행복한 모습이다. 대학 진학을 포기한 전인권은 삼청공원을 본거지 삼아 같은 동네의 '춘길이 형님'과 어울리며 대중음악에 대한 안목을 높이고 그의 손에 이끌려 미8군과 고고장 등의 무대에 서면서 대중음악의 길에 들어섰다. 그는 1970년대 중반 즈음 광화문 네거리 국제극장 뒷길에 있는 '음악감상실 겸 분식집'(!)을 운영했던 경험을 풀어놓는다. 떡볶이 파는 분식집인데 DJ박스가 있어서 좋은 음악을 틀어주고 라이브로 노래도 부른다. 그러다가 가수와 DJ들이 떡볶이도 주문받고 서빙도 하는 자유로운 분위기의 장소였다. 까까머리 중고생과 장발의 대학생·재수생들이 얽혀서 매일 잔칫집처럼 먹고 떠들며 음악 이야기 하며 즐거워하는 곳이다.

당시에 이런 공간이라니! 상상만 해도 짜릿하다. 까만 교복에 까까머리·단발머리 중고생들은 갈 수 있는 곳이 별로 없었다. 그러나 학원과 서점만 오가는 것이 지루했던 축들이 분명 있었을 것이고, 학교에서는 물론 방송에서도 잘 가르쳐주지 않는 새로운 음악을 듣고 남들이 잘 모르는 이야기를 조금이라도 얻어들을 수 있는 공간이 있다면 스멀스멀 모여들었으리라. 게다가 그런 곡을 그럴듯하게 기타로 치는 멋진 형들이 있다니, 이 얼마나 황홀한 곳인가 말이다.

전인권은 "우린 김민기도 아니고 한대수도 아니었다. 물론 이장희도 아니었다. 우리만의 색깔을 얘기해줬는데 그것은 바로 그때 그곳 손님들이 보는 세상을 정확하게 튜닝한 거라고 할 수 있다", "애들은 뭔가가 있다는 것에 미쳐 있었다. 그

것은 자유와도 일맥상통했다"라고 썼다.

광화문은 추억으로만 '아직 남아 있다'

흔히 청년문화는 1960년대 후반 대학생들이 모이는 세시
봉만 이야기하다가 끝나버린다. 그것이 첫 출발 지점이었던
것은 맞다. 하지만 수십 년 트로트 세대가 버티고 있던 대중
문화 공간의 주류까지 청년문화가 진입하고, 한 시대 한국 사
회에 그토록 큰 흔적을 남길 정도가 된 것은 세시봉에 드나들
었던 소수 대학생의 힘만으로는 설명되지 않는다. 청년문화
의 전성기인 1970년대 초중반에는 물론이거니와 그 이후까
지 이런 청년문화에 절대적 지지를 보내고 있던 다수의 까까
머리·단발머리 청소년이 있었기 때문에 가능했다. 대중문화
의 힘은 결국 사람 수에서 나오는 법이다.

말하자면 청년문화의 공간은 1960년대 말 소수의 대학생
이 모이던 세시봉에서 출발해 1970년대 중반에 이르면 중고
생까지 들락거리는 공간들로 확산되고 있었고, 그것이 전인
권의 자서전에 생생히 기록되어 있는 것이다. 그리고 그 근거
지는 고교생과 재수생들의 거리인 종로와 세종로였다.

이런 분위기는 1978년으로 거의 끝이 났다. 1979년 초 입

1980년 서울의 봄과 광주민중항쟁, 1987년 이한열의 사망으로 광화문과 서울시청 앞은 100만 군중이 모이는 곳이 되었다. 1987년 6월 서울시청 앞 광장에 모인 시위 군중.

시학원들이 사대문 밖으로 내쫓겼다. 대성학원이 노량진으로 이전했고, 종로서적은 중림동으로 옮겨갔으며, 대일학원은 서울역 바깥으로 밀렸다. 입시학원이 아닌 외국어학원은 사대문 안에 남아 있을 수 있어 파고다외국어학원, 시사영어학원 등은 여전히 종로를 지킬 수 있었다. 지금 노량진이 학원가가 된 것은 바로 이 흐름에서 시작된 것이다. 설상가상 1980년대에는 재학생들의 과외·학원 교육이 금지되었다. 그리고 강남 개발로 북촌의 중고교가 강남·목동 등으로 하나둘 이전했다. 종로와 세종로의 풍경은 완전히 바뀌었다.

이제 모두 세월 따라 / 흔적도 없이 변하였지만 / 덕수궁 돌담길엔 아직 남아 있어요 / 다정히 걸어가는 연인들 / 언젠가는 우리 모두 / 세월을 따라 떠나가지만 / 언덕 밑 정동 길엔 아직 남아 있어요 / 눈 덮인 조그만 교회당 / 향긋한 오월의 꽃향기가 / 가슴 깊이 그리워지면 / 눈 내린 광화문 네거리 이곳에 / 이렇게 다시 찾아와요 / 언젠가는 우리 모두 / 세월을 따라 떠나가지만 / 언덕 밑 정동 길엔 아직 남아 있어요 / 눈 덮인 조그만 교회당
- 이문세, 〈광화문 연가〉(이영훈 작사·작곡, 1987)

1980년대 후반에 세종로와 종로를 추억의 공간으로 노래

한 이 노래가 히트한 것은 우연이 아닐 것이다. 특히 이 부근에 있었던 경기여자고등학교, 이화여자고등학교, 창덕여자중학교, 배재고등학교에 다녔던 사람들이라면 얼마나 이 노래가 각별할까 싶다. 이 노래가 유행할 때쯤이면 대학생들이 노는 곳도 바뀌었다. 신촌과 대학로, 한강 건너 강남으로 흩어졌다. 1970년대에 '종로서적 앞에서 만나'라고 약속을 정하던 사람들이 이때부터는 '강남역 뉴욕제과 앞에서 만나'라고 이야기하게 되었다. 노래는 '아직 남아 있어요'라고 했지만, 사실 남아 있는 것은 정동교회와 덕수궁, 그 공간에 깃든 추억뿐이다.

대학생들의 분위기도 달라져 '5월의 꽃향기' 운운할 계제가 아니었다. 1980년 봄 서울시청 앞에서는 '구토탄'이 터지고(1980년 5월 14일 서울시청 앞 시위대를 향해 발사된 최루탄은 구토를 일으킬 정도로 강력했다) 광주에서 시민들이 무차별 학살을 당했다. 거기에서부터 7년이 지나고 최루탄에 목숨을 잃은 이한열의 운구가 신촌을 출발해 광화문 네거리와 서울시청 앞에 100만 군중을 모았으니, 그나마 낭만적이었던 1970년대식 청년문화는 그저 추억으로만 남았다. 이 공간은 새로운 역사의 소용돌이 속으로 들어가고 있었다.

제9장

세종문화회관에 트로트의 자리는 없었다

이름도 거룩한 '세종'문화회관

1978년 4월 세종로 한복판에 세종문화회관이란 공연장이 들어섰다. 1972년 서울시민회관이 예상치 못한 화재로 불탄 자리에 새 공연장을 세운 것이다. 대통령의 호를 딴 '우남회관'으로 계획되었다가, 1960년 최초의 시민혁명을 거치며 가슴 벅찬 '시민'이란 이름을 달았던 공연장은 1972년 10월 유신 발표 후 한 달 반 만에 사라지고, 이름만 들어도 고개가 절로 숙여지는 '세종'문화회관이 건립된 것이다.

이 시기에 정치도 크게 바뀌었다. 법률과 제도에서 최소한의 절차적 민주주의 체계를 지니고 있었던 제3공화국이 끝나고, 민주공화국의 국민의 기본권은 물론이거니와 삼권분립과 정당정치까지 무시한 제4공화국이 시작되었다. 1975년 긴급조치 9호가 발효되고 각급 학교의 총학생회가 사라지고 학도호국단이 생기면서 언제 끝날지 모르는 살벌한 이른바 '긴조(긴급조치) 시대', '유신 말기'의 세상이 펼쳐지고 있던 때다.

민족주의와 전통문화는 폭압적 유신체제를 합리화하는 중요한 방편 중의 하나였다. 한국에서 처음 예술문화 진흥에 대한 정부의 의무를 법제화한 문화예술진흥법과 이를 전담하는 기관인 한국문화예술진흥원의 설립이 유신체제 설립 시기와 일치한다는 것은 참으로 아이러니하다. 그 기조는 '한국의 문화 진흥'이라기보다는 '민족문화 진흥'이었다. 이 지점에서 민족주의·민족문화란, 충효사상·호국불교의 강조 사례에서 보이듯 정권의 입맛에 맞게 해석되고 요리되었다. 광화문 네거리 이순신 동상의 뒤편에 콘크리트조 광화문이 버티고 있고, 그 중간에 세워지는 공연장 이름에 '세종'이 붙은 것은 어찌 보면 당연한 일일 수 있다.

건물도 현대적이고 실용적인 직선미를 뽐내던 서울시민회관과 달리, '한국'과 '전통'이 강조되었고 함부로 가까이 할 수 없을 듯한 엄숙한 아름다움과 권위적 풍모를 지녔다. 벽면의 비천상 부조(김영중 작)는 박정희가 공을 들였던 신라 유적인 경주 성덕대왕신종(에밀레종)의 비천상을 변형한 것이고, 극장 안팎을 청사초롱 형태로 장식했다. 돌기둥을 늘어세운 열주列柱와 돌계단은 궁궐·신전의 권위와 엄숙함을 풍기고 있다.

공연장도 방송사도 신전이었다

흥미로운 것은 이 시기에 지어진 공공건축들에 이러한 계단과 열주가 아주 흔했다는 점이다. 위를 우러러보며 한참을 올라가야 하고, 거대한 지붕을 받치는 튼튼하고 멋진 돌기둥이 늘어서서 엄숙함을 뽐내는 구조 말이다. 장충동 국립극장, 경주박물관 등의 주요 박물관 건물은 물론 실용성이 중요한 연구·교육기관인 정신문화연구원, 민주주의의 전당이어야 할 여의도 국회의사당까지, 모두 계단과 열주를 만들고 그 위에 멋진 지붕을 씌운 설계다.

이것을 우연이라고 보기는 힘들다. 즉, 당시 공공기관에 대한 '힘 있는 분들'의 인식 수준을 보여준다고 보는 것이 합당하다. 건축 전문 기자였던 구본준의 『세상에서 가장 큰 집』(2016)에 의하면, 공모를 통해 당선된 설계를 국회의원들이 '더 폼 나는 모습으로 만들어달라'고 압력을 넣어 돔 지붕을

덮고 거대한 열주를 늘어세운 권위적인 모습으로 바뀌었다는 것이다.

비슷한 이야기를 나도 들은 적이 있다. 심지어 효율성이 가장 중요한 방송사 건물에도 이랬다는 것이다. 바로 여의도의 KBS 본관 건물이다. 이 건물에도 어김없이 계단과 열주가 갖추어져 있다. 한국 최초의 텔레비전 PD이며 KBS 재조직화 (1972년까지 KBS는 공무원들이 근무하는 '관영' 방송이었고 1973년에 이르러 비로소 '공영' 방송으로 바뀐다. 즉, 이때부터 '한국방송공사'의 공채 1기를 뽑을 수 있게 되었다는 의미)의 중심인물이었던 최창봉은 이 시기를 회고하며 기막힌 권위주의를 한탄했다. 자신이 개입했을 때까지는 지금의 형태가 아니었단다. 애초의 설계에 대형 기자재가 드나들고 거의 집을 짓는 것이나 다를 바 없는 세트 제작을 위한 '제작동'이 따로 넓게 자리를 잡고 세트 작업실 옆에 스튜디오를 배치했다. 그 옆에 높은 층수의 '행정동'을 붙여 놓는 실용적인 구조다. 그런데 자신이 외국 출장에서 돌아와 보니 완전히 구조가 변경되어 이미 땅이 파헤쳐지고 있었단다.

널찍한 제작동 자리에 행정동을 배치하고 스튜디오 면적도 좁혔을 뿐 아니라, 자리가 좁다고 세트 제작소를 지하로 배치한 것이다. 건축자재 같은 세트 재료를 들고 지하로 내려가고

세종문화회관은 서울시민회관이 화재로 불탄 자리에 1978년 새로 세워졌다. 세종문화회관은 돌기둥을 늘어세운 열주와 돌계단을 배치해 함부로 가까이 할 수 없을 듯한 권위와 엄숙함을 풍겼다. 1978년 초의 세종문화회관 모습.

다시 지상으로 올라오느라 수백 명의 인력이 더 들도록 해놓은 것이다. 거기에 외양은 권위적으로 돌기둥과 높은 계단을 만들어놓았다는 것이다. 이 이야기를 할 때 최창봉은 평안도 사투리로 이렇게 흥분했다. "방송국 올라 갈라믄 뭐 이케 계단으루 한참 올라가잖아. 어느 나라 방송국 가보라구 말이야. 이 계단이 웬 말이야. 이게 신전, 파르테논 신전에 올라가는 거지."•

다시 세종문화회관 이야기로 돌아와보자. 세종문화회관 역시 계단과 열주를 갖춘 이 시대의 공공건축의 특성을 지니고 있다. 하지만 그래도 이 건물은 좀 나은 평가를 받는다. 그나마 전통을 현대적으로 해석하는 능력이 뛰어난 엄덕문의 능력으로 세종문화회관이 이 정도의 모습을 지닌 것은 다행이라는 것이다.

정신문화연구원·화랑수련원·광주박물관 등 이 시기에 지어진 공공건물의 상당수가 계단과 열주는 물론 기와지붕과 서까래를 갖춘 한옥 궁궐의 모양을 하고 있고, 거기에 대통령 부인 육영수가 좋아했다는 계란색을 입힌 서울 능동 어린이

• 최창봉 구술, 이영미 채록연구, 『최창봉』(한국문화예술위원회, 2007).

회관 같은 모습도 많았다. 그에 비하자면 세종문화회관은 안채·별채 등을 분리하는 한옥 건축의 특성을 계승해 좁은 땅 위에 여러 공간을 배치하면서 현대적 감각과 기능성도 잘 살렸다는 평을 받는다. 기와지붕에 서까래도 만들어달라는 정부의 요구를 엄덕문이 받아들이지 않았다고 한다.●

대중가요는 감히 들어올 수 없었다

세종문화회관은 오랫동안 대중음악인들을 받아주지 않는 권위적인 공연장이었다. 앰프 없이 공연할 수 있는 음향 설계와 파이프오르간까지 갖춘 공연장에 마이크·앰프를 쓰는 대중음악이 들어올 필요가 없다고 주장할 수도 있다. 하지만 '레코드음악감상회'가 오랫동안 세종문화회관의 정례화된 프로그램이었음을 생각하면 그것은 핑계에 불과했다. 게다가 서울국제가요제나 프랑스 샹송 가수의 내한 공연에는 문호가 개방되었으니, 그 핵심은 앰프 사용 여부가 아니라 한국대중예술을 저급한 종류로 보는 예술관의 문제였다. 서울시민회

● 김유경, 「세종문화회관을 설계한 건축가, 엄덕문」, 『오마이뉴스』, 2009년 3월 6일; 안창모, 「건축」, 한국예술연구소 편, 『한국현대예술사대계 IV』(시공사, 2004).

관의 예에서 보았듯이 클래식 음악 같은 부류만으로 그 공연장은 채워지지 않으며, 대중예술계는 서울시민회관이 사라져 대형 공연장이 없었던 게 현실이었지만, 권위적 금기는 쉽사리 꺾이지 않았다.

예외도 있긴 했다. 1985년 10월 19일에 MBC가 주관하는 '대중문화예술인의 밤'이란 행사가 열렸는데, 영화배우와 대중가요인, 코미디언까지 출연하는 대형 쇼였다. 세종문화회관 개관 이래 이런 예는 처음이었다. 그런데 주최자가 문화공보부였다. 정부가 지시한 행사를 MBC가 받아서 한 모양새다.

도대체 무슨 상황일까? 확인되지는 않았지만 당시 소문으로는 그해 9월에 있었던 남북공연단교류에 대한 일종의 포상이었다는 설이 파다했다. 1985년 9월 분단 이래 최초로 남북 예술공연단 교환 공연이 이루어졌다. 남과 북 모두 정부가 허락한 인사와 보도진만 상대편의 공연을 구경할 수 있었고, 서울과 평양에서 상대편 공연에 대해 엄청난 비난을 쏟아냈다. 그런데 뒷이야기로는 평양의 관객들이 남쪽 가수들이 〈눈물 젖은 두만강〉과 〈불효자는 웁니다〉를 부를 때에 유일하게 경직되었던 얼굴이 풀어지며 감동스러운 얼굴 표정을 보였다는 것이다.

이들 트로트 가요는 북한에서는 오랫동안 금지된 상태였

고, 이 공연에 대한 공식적 평가에서도 '일본 제국주의자들이 친일 사상을 불어넣기 위해 유포한 퇴폐적 유행가'라는 입장을 표명했다. 그러나 60대 이상의 관객이라면 자신들이 젊은 시절 즐겼던 추억의 노래를 40~50년 만에 듣는 경험이었으니 어찌 반갑지 않았으랴. 공연 참가자들은 이 대목에서 북한 관객의 마음이 움직였음을 그 자리에서 느꼈을 것이다.

북한은 2001년 〈타향살이〉 등 일제강점기와 남한의 대중가요 20곡을 해금했다. 심지어 〈눈물 젖은 두만강〉은 2002년 10만 명이 출연하는 어마어마한 공연인 '대집단체조와 예술공연 〈아리랑〉'에서 민족의 노래로 의미화될 정도로 지위가 격상되었다. 이런 변화에 1985년의 공연이 영향을 주었을 가능성을 배제할 수 없다.

북한 관객들의 마음을 움직인 작품은 가곡 〈그리운 금강산〉도 무용 〈승무〉도 아닌 트로트 가요였으니, 대중예술인들에게 포상의 의미로 한 번 세종문화회관을 개방한 것이라는 게 이시기에 나돌던 소문이었다. 트로트 가요를 '전통가요'라는 희한한 이름으로 명명하고(일본 엔카의 영향으로 형상된 트로트가 전통가요라면 도대체 민요나 신민요는 뭐란 말인가!) 텔레비전 프로그램에서 트로트 가요 순위를 별도로 매기는 등 방송사가 나서서 트로트 부흥 붐을 일으킨 것도 이때였다. 하지만 이런 개방도 딱 한 번뿐이었다.

세종문화회관에서 노동가요가 울려 퍼지다

하지만 역사는 대중·서민이 자신의 모습을 선명히 드러내는 방향으로 발전하고 있었다. 1987년 6월 항쟁을 거치면서 세종문화회관은 한국 대중가요를 트로트까지 받아들였다. 그리고 1993년 문민정부가 들어선 후에는 이른바 진보적 예술문화운동계의 작품에까지 문호를 개방했다. 민주화가 진행되면서 두 가지 금기가 순차적으로 풀린 것이다.

대중예술의 세종문화회관 입성은 1989년 가을부터였다. 첫 시작은 서울시향의 공연에 잠깐씩 협연자로 불려나왔던 패티김이었는데, 이번에는 클래식 음악의 들러리가 아닌 본격적인 대중가요 공연이었다는 점이 다르다. 이에 항의해 자문위원 김성태와 박용구가 사퇴했지만 이미 대세는 기울어졌다. 그리고 곧이어 트로트계의 여왕인 이미자의 공연이 이루어졌다. 일본색이라는 이유로 오랫동안 금지곡으로 묶여 있던 〈동백 아가씨〉, 패티김의 스탠더드팝에 비해 '고급스럽지 못하다'는 인상을 주는 트로트가 드디어 세종문화회관 문턱을 넘었다. 이후 세종문화회관에서는 남진과 심수봉 등 트로트 가수들의 무대를 종종 만날 수 있게 되었다.

후자는 1994년에 한국민족예술인총연합(민예총) 소속 단체들의 공연이 4회나 이루어진 것으로 대표된다. 동학농민전쟁 100주년을 기념해 신동엽의 서사시를 원작 삼아 만든 가극 〈금강〉(문호근 연출)은 비상한 관심을 모았다. 지금 같은 뮤지컬 전성시대에도 대규모 창작뮤지컬은 쉽지 않은데, 이런 정도의 내용을 담은 토종의 대중적 음악극은 쉬운 일이 아니다. 그해의 동학 관련 뮤지컬 중에도 단연 군계일학이었다. 또 1989년 겨울부터 해마다 '노래판굿 꽃다지'라는 이름으로 공연되어왔던 총체적 대형 공연물 〈모여드세〉(박인배 연출)는 민주노총 건설이라는 기치를 내건 공연이었으니 공연장으로서는 엄청난 파격이었다.

진보적 예술운동 진영의 대규모 공연은 1987년 이애주의 춤 공연 〈바람맞이〉부터였다. 6월 항쟁 직전에 연우소극장에서 소규모로 공연되기 시작한 〈바람맞이〉는 6월 항쟁 이후 연세대학교 노천극장에서 재공연되면서 회당 1~2만 명의 관중이 모여들었고, 심지어 암표상까지 등장했다. 〈바람맞이〉는 사실 독무獨舞가 중심인 소극장용 공연을 키워놓은 것이지만, 이렇게 많은 관중이 몰려오는 바람을 타고 1988년 이후에는 애초부터 규모가 큰 공연이 점점 늘어났다. 적게는 수천

1989년 가을부터 패티김과 이미자의 공연으로 트로트가 세종문화회관 문턱을 넘을 수 있었고, 1994년에는 민주노총 건설이라는 기치를 내건 노래판굿 꽃다지의 〈모여 드세〉가 공연되는 파격이 이루어졌다.

명에서 많게는 수만 명에 이르는 대규모 관중이 모여드는 초대형 공연이 한 해에도 여러 차례 벌어졌다.

1989년 연말에 시작한 노래판굿 '꽃다지' 시리즈(박인배 연출)와 1990년 3월부터 해마다 이루어진 '자 우리 손을 잡자' 시리즈(문호근 연출)는 이런 대형 집회 형태의 공연이 매해 시리즈로 제작되며 연례화한 대표적인 예다. 공연 때면 연세대학교, 한양대학교, 경희대학교 등의 노천극장이 수많은 관중으로 들어찼고, 러닝타임 3시간이 넘는 공연은 늘 뜨거웠다. 어묵꼬치나 핫도그 등을 파는 노점상들이 노천극장 주변에 일찌감치 자리를 잡았고 객석 사이를 비집고 음료나 야광봉을 팔러 다녔다.

이 흐름이 1994년에 세종문화회관으로 들어온 것이다. 노천극장의 수만 관중을 쥐락펴락하던 '민주대머리' 박철민(지금은 '감초 조연'으로 알려진 배우다)이 역시 세종문화회관에서도 힘을 발휘했고, 세종대학교 교수였던 소프라노 정은숙이 익숙한 민중가요 〈솔아! 푸르른 솔아〉를 불렀다. 민중가요의 대표곡인 〈임을 위한 행진곡〉을 바탕으로 작곡된 피아노 연주곡 〈두 대의 피아노를 위한 '임을 위한 행진곡'〉(오민주 작곡)이 연주되었다. 푸른 작업복 의상을 입은 배우들이 노동가요와 풍물 반주에 맞춰 춤을 추고 연기를 하는 익숙한 장면들도 빠지지 않았다. 늘 엄숙하기만 하던 세종문화회관이 오래간만에 떠들썩했다.

공공극장은 시민들의 것이다

이로부터 20년째 되던 2013년에는 민중문화운동협의회·민예총에 이르기까지 핵심 활동가였던 노동연극 작가·연출가 박인배가 세종문화회관 사장에 취임해 시민 중심의 문화 공간으로 전환되는 계기가 되었다. '이제 세종문화회관에서 마당극 봐야 하는 거야?'라는 비아냥거림도 없지 않았다. 그러나 진보적 예술문화운동이 그저 정치적 색깔을 드러내는 작품을 하는 것이라는 편협한 통념을 넘어서서 일반 시민들이 스스로 작품을 고르고 평가하고 창작에 참여하는 활동을 함으로써 예술문화의 주인이 되는 것이 중요하다는 예술관의 변화가 핵심이었음을 정책으로 드러냈다.

뒤이어 예술의전당 공채 1기에 노동조합 사무국장 출신인 이승엽 사장 체제로 넘어오면서 '시민합창단', '시민연극교실', '생활예술오케스트라' 등 시민 참여의 공연과 교육은 이제 세종문화회관의 주요 사업으로 자리 잡았고, 낮 시간에 불 꺼진 공연장도 시민들에게 개방되고 있다. 21세기에 들어서서 예술문화 정책의 기조는 예술문화를 그저 삶을 치장하는 액세서리로 취급하던 시대를 넘어 인간다움을 위해 반드시 필요한 핵심적 활동으로 보는 '문화복지'로 바뀌기 시작했으니, 이러한 시민 중심의 정책 변화 역시 거스를 수 없는 대세였다.

유신시대의 권위를 한껏 드러내며 '고급한 공연'이 아니면 들어올 수 없다던 세종문화회관이 불과 10여 년 만에 대중에게 친숙한 대중가요와 시위대가 불렀던 민중가요까지 받아들이게 되고, 더 나아가 시민이야말로 예술의 주인임을 공연장의 핵심 정책으로 드러내는 시대에 이르게 되었다. 설립 때는 물론 이후로도 오랫동안 정부 요인들이 들락거리는 행사의 단골 장소였던 세종문화회관의 로비는 '보안상'의 이유로 1990년대 말까지도 쉽사리 개방되지 않았다. 집회와 시위가 많아진 1980년대 말에는 시위대의 '집결지'로 애용되던 중앙계단에 바리케이드가 쳐져 있기도 했다.

그러나 이제 세종문화회관의 바깥인 광화문 광장만 시민들의 것이 아니라, 공공극장 역시 시민들의 것임을 아무도 부정할 수 없다. 한때 권위적으로 보이기만 했던 높다란 중앙계단은 그저 누구나 편하게 앉아 쉬는 쉼터나 모임 장소, 온갖 피켓으로 바글거리는 집회 장소가 되었다.

제10장

'구리 이순신'과 '도깨비'

김지하와 '구리 이순신'

  몇십 년을 훑어보면 광복 이후 광화문 네거리와 세종로의 풍경은 몇 번에 걸쳐 크게 바뀌었음을 알 수 있다. 첫 번째는 서울시민회관이 들어서고 그 맞은편에 미국대사관 건물이 들어섰던 1960년대 전반기다. 북한산 아래 경복궁을 막아선 권위적이고 화려한 중앙청과는 전혀 다른 두 건물, 불필요한 장식을 다 떨어내버리고 실용적·합리적인 직선을 시원시원하게 드러내 보인 현대적인 건물이 들어선 것만으로도 그곳의 분위기는 바뀌었다. 서유럽으로 대표되는 근대 초기의 이미지를 벗어나 미국으로 대표되는 현대의 이미지를 세종로에 만들어냈다.

두 번째는 1968년 이순신 동상으로 시작해 콘크리트조 광화문과 1978년 세종문화회관 준공으로 완결되는 박정희 시대 후기의 풍경 변화다. 1960년대 전반기의 미국적인 모던함과 실용성의 이미지를 벗어나 열주와 기와지붕, 갑옷을 입은 거대한 동상까지 국가주의·민족주의의 권위를 한껏 드러낸 모습이었다. 그리고 2000년대에 다시 한번 이곳의 풍경이 크게 변화해 지금에 이르고 있다.

이 시절 김지하는 거의 못 말리는 수준이었다 싶다. 그는 1970년 『사상계』에 담시 「오적五賊」을 발표해 반공법으로 구속되고 잡지까지 폐간에 이르게 되는 엄청난 필화사건을 겪는다. 그런데 감옥에서 나오자마자 김지하는 바로 다음 해에 단막희곡 「구리 이순신」(『다리』 1971년 11월호)을 발표했다. 이미 그해 봄에 서울대학교 문리대 연극반에서 공연을 준비하고 있었으나, 5월에 서울대학교에 휴업령이 떨어지는 바람에 공연은 무산되었고 지면으로만 발표된 것이다.

「구리 이순신」은 광화문 네거리에 선 이순신 동상과 그 앞을 지나던 가난한 엿장수의 대화로 이루어진 간단한 구조의 작품이다. 오스카 와일드의 「행복한 왕자」에서 모티브를 가져왔다. 「행복한 왕자」에서 왕자를 이순신으로, 제비를 엿장수로 바꾼 것이다. 구리로 뒤덮여 그저 세종로 한복판에 우두커니 서 있기만 해야 하는 게 답답해 미칠 것 같았던 이순신이 하필 한밤중에 한 잔 걸치고 취중에 그 앞을 지나던 가난한 엿장수를 만난다. 그리고 그에게 구리를 벗겨 자신을 해방시켜달라고 부탁하는 내용이다. 자신에게는 구리가 필요 없고 엿장수에게는 필요한 물건이니 가져다 쓰라는 것이다. 감히 그럴 수 없다고 한사코 거절하던 엿장수는 간절한 이순신의 요청에 결국 구리를 벗긴다.

「행복한 왕자」에서는 제비가 금을 벗겨 가난한 사람들에게 나누어주고 왕자와 제비는 이승에서 초라하게 사라지지만, 천사의 손을 잡고 천국으로 가는 해피엔딩으로 끝맺는다. 하지만 「구리 이순신」은 새드엔딩으로 끝맺는다. 이순신이 답답하다고 벗어준 구리 투구와 갑옷을 받은 엿장수는 절도죄로 잡혀간다. 세상에 대한 넋두리를 하는 거지 시인은 술 취해 잠들어버리고 만다. 세상에 대한 비판의식은 있으나 행동하지 못하는 지식인의 모습이다. 구리 투구와 갑옷은 다시 이순신에게 덮씌워지고 답답한 이순신은 몸부림치다가 "제비야! 너는 왜 오지 않는 거냐?"라고 외치는 것이 이 희곡의 끝 장면이다. 이 제비는 「행복한 왕자」의 제비이기도 하고 봄을 의미하기도 할 것이다.

이순신은 왜 무시무시하고 골이 잔뜩 난 모습일까?

박정희 대통령의 이순신 사랑은 매우 각별했다. 사당인 현충사 성역화나 『난중일기』의 국보 지정 등 이루 헤아릴 수 없다. 군인이라는 동질감이 기본적으로 깔려 있는 데다가, 일제 강점기 후반에 청년기를 보낸 세대들이 공유하는 '문약한 문신들이 망해먹은 조선'이라는 역사인식, 멸사봉공의 태도나 죽음의 비장미에 대한 호감 등이 겹쳐졌을 것이다.

여기에 한 가지 더 염두에 두어야 하는 것은 지식인들의 반대를 무릅쓰고 추진한 한일수교로 그의 모토인 '민족적 민주주의' 이미지가 크게 훼손되었다는 사실이다. 일본이 가장 무서워하는 존재인 이순신을 중앙청 앞 세종로 거리에 세워놓겠다는 발상은 자신이 추진한 대일 외교가 학생·지식인이 비판하듯 '굴욕적 한일수교'가 결코 아니었음을 주장하고 싶은 마음을 보여준다.

그 지점에서 이순신 동상 건립은 삐딱한 지식인들의 심사를 건드릴 수밖에 없었다. 「구리 이순신」은 이를 선명히 보여준다. 엿장수는 이순신 앞에서 "어느 높으신 양반 하나가 왜

놈 하나를 비밀 요릿집에 모셔놓고 왜놈들 군가를 불렀다"고 분개하며, 이순신은 "나라 동강 나고, 왜구는 또다시 쇠를 달 구어 칼을 벼리는데 백성은 서로를 믿지 않고, 목자는 백성을 형벌로만 다스리"는 이 세상에서 자신은 "무섭게 생긴 얼굴 을 허세처럼 덮어쓴 채 꼼짝 못하고 있다"고 한탄한다.

특히 동상의 외양에 대한 비판은 꽤 신랄하다. "씩씩하고 늠름하고 으스스하다 못해 무시무시하고 골이 잔뜩 난 모습" 이어서 "누구를 내리누르겠다는 겐가?"라고 반문한다. 동상 건립이 일본에 대한 경계라기보다는 국민에 대한 억압적 태 도를 드러내고 있다고 작가는 느끼고 있는 것이다.

1971년은 박정희가 삼선개헌을 통해 얻어진 세 번째 대통 령 선거가 있던 해였다. 부정선거 규탄 시위, 교련교육 반대 데모 등으로 바람 잘 날이 없었고, 결국 이러한 집단적 저항 에 밀린 박정희 정권은 1972년 10월 유신으로 삼권분립이나 국민의 기본권 등을 포기한 강압적 종신집권의 길을 선택하 게 된다.

'사방이 차도로 막힌 섬'

희곡에서는 엿장수와 거지 시인이 이순신 동상을 어루만

지며 대화를 나누지만, 현실은 이보다 훨씬 경직되어 있었다. 1966년 김현옥 서울시장의 시대가 열리면서 청계천 복개와 고가도로 건설 등 서울의 외양이 대대적으로 변화한다. 1967년 광화문 네거리와 태평로, 서울시청 옆 개풍빌딩 앞 등에 일제히 지하도를 건설한다. 이로써 서울역에서부터 광화문까지 무려 2.2킬로미터의 도로가 보행자용 횡단보도가 하나도 없는 자동차만을 위한 도로가 되었다.* 즉, 교통경찰이나 동상 관리자를 제외하고 이순신 동상에는 사람이 접근조차 할 수 없었다.

게다가 「구리 이순신」이 발표된 1971년에 세종로 거리의 풍경을 바꾸는 또 하나의 구조물이 세워진다. 동아일보사 사옥(현재 일민미술관)부터 국제극장 앞을 잇는 거대한 아치다. 그 아치에는 정부의 캠페인 문구, 경축일이나 대통령 해외순방 등을 경축한다는 문구가 적혀 있었다. 오로지 자동차만 달릴 수 있는 긴 직선도로를 남쪽에서 북쪽 중앙청을 향해 서면 정부의 선전 문구를 적은 아치를 거쳐 그 뒤로 이순신 동상, 다시 그 뒤로 콘크리트조 광화문과 중앙청이 일렬로 보이게 된

* 서울역사박물관, 『광화문 연가: 시계를 되돌리다』(서울역사박물관, 2009) 참조.

1971년에 세종로 거리의 풍경이 바뀌는데, 바로 거대한 아치를 설치한 것이다. 그 아치에는 정부의 선전 문구가 보이고, 그 뒤로 이순신 동상과 콘크리트조 광화문과 중앙청이 보인다.

다. 비주얼부터 국가주의 그 자체다. 이 아치는 1982년에 철거되었다.

세종로의 풍경이 다시 한번 크게 바뀐 것은 광화문 광장이 생기고 광화문에 현재의 모습으로 복원된 2009~2010년이다. 그전에도 약간씩의 변화가 없었던 것은 아니다. 1981년에 교보빌딩이 광화문 네거리 비각碑閣 뒤편을 차지하고 우뚝 섰고, 맞은편에 1984년 현대건설 사옥(현재 현대해상 사옥)이 섰을 때에, 이곳의 풍경이 한 번 더 달라지기는 했다. 하지만 역사적 의미를 지닌 대대적 변화라고는 하기 힘들다.

교보빌딩은 건축주의 강력한 요청에 따라 주일 미국대사관 건물을 모방한 거대한 '짝퉁 건물'이었다. 세련되었으나 개운하지 않고 덩치만 큰 위압적인 모습이었다. 뒤이어 건조하고 투박한 모습으로 세워진 현대건설 사옥과 함께 주변 건물들과의 맥락이 별로 고려되지 않은 채, 그저 서울이라는 현대적 도시의 대기업 빌딩의 풍경을 만들어낼 뿐이었다. 1980년대까지 세종로의 풍경은 여전히 선진국을 따라가기 위해서는 국민은 아랑곳없이 그저 크고 강하게 밀어붙여야 한다는 강박관념을 드러냈다.

군인 출신 대통령의 시대가 끝나고 문민정부가 들어서고서야 이제 이곳은 '복원'이라는 이름의 변화가 시작되었다. 이

때에 이르러서야 비로소 비틀린 역사의 흔적에 대한 성찰이 가능해진 것이다. 1995년에 조선총독부 건물이 해체되었고, 2006년에 광화문 복원이 시작되었다. 남산의 일본 신사를 향하도록 근정전에서 각도를 비틀어 조선총독부를 세웠는데, 남산의 일본 신사를 향해 있던 콘크리트조 광화문의 각도도 바로잡아 복원된 광화문은 원래대로 관악산을 향하도록 세워졌다.

이보다 몇 년 전 2005년부터 광화문 네거리에 보행자를 위한 횡단보도가 생겼고, 2010년 광화문 복원 준공으로 이러한 변화는 일단락 지어졌다. 광화문 광장이 '사방이 차도로 막힌 섬', '거대한 중앙분리대'라는 조소 어린 표현이 아주 틀린 것은 아니나, 어쨌든 이로써 세종로 한복판이 매일 시민들의 발걸음으로 채워질 수 있게 된 것만은 매우 의미 있는 일이라 할 수 있다.

어쨌든 중앙청, 콘크리트조 광화문, 이순신 동상, 대형 아치까지 늘어서고 자동차만 다니던 1970년대 풍경은 이로써 완전히 청산되었다. 그리고 복원된 경복궁과 광화문, 세종대왕 동상, 이순신 동상이 일렬로 서 있고 그 사이를 시민들이 자유롭게 걸어다니게 된 것이 2010년대의 풍경이 되었다.

김신과 지은탁은 왜 광화문에서 만났을까?

그래서 2000년대 이후 영화와 텔레비전 드라마에서는 세종로가 '대한민국 서울의 연인들'이 만나는 장소로 자주 등장했다. 영화 〈내 여자친구를 소개합니다〉(곽재용 감독, 2004)에서 가장 인상적인 장면이 세종로에서 촬영되었다. 경찰관 경진(전지현 분)이 자신의 검거작전에 휘말려 죽은 애인 명우(장혁 분)를 꿈속에서 다시 만나는 장소가 바로 광화문 네거리다. 죽은 애인 명우는 은행잎이 군데군데 떨어져 있는 그곳에서 경진에게 '명우가 죽었다는 것을 인정하라'며 77번 버스를 타고 떠나가 버린다. 그날은 명우가 죽은 지 7·7일, 즉 49일째되는 날이었다. 아직 네거리의 횡단보도도 광화문 광장도 만들어지지 않아 그저 일민미술관과 광화문우체국 부근만 비춰졌지만, 시공간이 다른 곳에서 '현재의 이곳'으로 날아온 사람이 광화문 네거리에 등장했다는 것은 시사적이다. 이곳은 대한민국의 현재를 보여주는 가장 중심적인 공간이기 때문이다.

광화문이 복원된 이후의 작품에서는 시공간을 넘나드는 주인공들은 여지없이 이곳에 '인증샷'을 찍듯 멋진 장면을 하나씩 보여주었다. 텔레비전 드라마에서 가장 멋진 장면을 보여준 것은 〈인현왕후의 남자〉(tvN, 송재정·김윤주 극본, 김병수 연출,

2012)다. 시간여행 소재가 이제 막 뜨고 있던 시점에 만들어진 이 작품에서 숙종 때의 홍문관 교리 김붕도(지현우 분)가 폐위된 인현왕후 암살사건을 막으려다가 시간을 뛰어넘게 된다.

말을 탄 채로 경복궁 담을 뛰어넘고 보니 2012년의 광화문 광장이었다. 휘황한 조명으로 치장한 21세기 광화문을 배경으로 버스와 승용차들이 지나가는 한가운데에 말을 탄 김붕도와 21세기의 여배우 최희진(유인나 분)이 만나는 이 장면은 드라마를 통틀어 가장 시각적으로 멋진 장면이다(이 드라마는 이 한 장면만으로도 깊은 인상을 남겼고, 이후의 드라마들에 큰 영향을 주었다).

김붕도는 이후에 과거와 현재를 몇 번 오가게 되는데, 작품의 중반부에는 21세기에 어느 정도 적응이 된 김붕도가 광화문 광장의 '역사물길' 앞에 앉아 자신이 살던 시대가 새겨져 있는 부분을 손으로 더듬는 장면도 있다. 세종로에 켜켜이 쌓인 수백 년의 육조거리 유적이 발굴되고 광화문이 복원되었으니 비로소 가능해진 장면이다. 이 공간의 의미를 되새기는 텔레비전 드라마다운 형상화였다.

이후 이런 설정은 드라마에서 종종 등장했다. 히트제조기 김은숙 작가와 아름다운 화면을 잘 만들기로 유명한 이응복 연출이 만든 〈도깨비〉(tvN, 2016)의 초반부에 등장한다. 두 주

〈도깨비〉에서 김신과 지은탁이 '단풍국' 캐나다에서 바로 공간을 뛰어넘어 광화문에
서 만나는데, 이곳이 대한민국이라는 것을 보여주기에 가장 적합하고 멋진 장소였
다. © tvN

인공 김신(공유 분)과 지은탁(김고은 분)이 '단풍국' 캐나다에서 바로 공간을 뛰어넘어 나타난 곳도 광화문 앞이다. 〈인현왕후의 남자〉처럼 꼭 광화문일 필요가 없었지만, 캐나다가 아닌 대한민국으로 날아왔음을 보여주기에 가장 적합하고 멋진 장소는 역시 광화문 앞이었을 것이다.

〈시카고 타자기〉(tvN, 진수완 극본, 김철규 연출, 2017)에서도 1930년대에 죽어 타자기 유령이 되어버린 유진오(고경표 분)가 가장 와보고 싶어 한 곳이 조선총독부가 사라진 광화문 앞이다. 목숨을 걸고 독립운동을 했던 1930년대의 청춘 3명이 2010년대에 환생해 광화문을 배경으로 기념사진을 찍는다.

광화문은 한류 관광의 '포토존'이 되었다

이제 이곳은 서울 관광의 가장 중요한 장소다. 사시사철 하루 종일, 이곳은 관광객들로 늘 북적거린다. 덕수궁 앞처럼 '수문장 교대식' 시간에만 북적거리는 게 아니다. 광화문 바로 앞을 드나들며 궁궐을 즐기는 사람부터 광화문 네거리 부근의 이순신 동상 앞까지 늘 사람들로 가득하다.

'드라마 한류' 바람을 타고 한국 관광을 선택한 외국 젊은이들은 드라마 속에서나 나올 법한 화려한 퓨전 한복을 빌려

입고 광화문을 배경으로 기념사진을 찍는다. 세종로 부근의 한복 대여점은 외국 관광객들의 취향에 맞는 한복들을 갖추어놓고 성업 중이다.

　이순신 동상 앞도 마찬가지다. 한때 그토록 억압적으로 보였건만, 이제 그런 자취는 없다. 「구리 이순신」에서 엿장수가 이순신 장군과 대화했을 법한 그곳에는 밤마다 색색의 분수가 화려하게 물을 내뿜으며 시민들의 눈을 즐겁게 하고 있다. 이제 그곳은 멋진 관광지의 '포토존'이 되었다.

제11장

대통령은
왜
금기였는가?

"잘 돼갑니다"

세종로·광화문 너머는 최고 권력자의 공간이다. 대중예술
에서 이들을 그려내는 것은 그야말로 살얼음판 걷는 일보다
도 힘들었다. 특히 실사實寫 화면을 보여주는 영화나 텔레비전
드라마에서는 더욱 그랬다. 대중은 머릿속에 남아 있는 진짜
대통령의 이미지와 배우의 외모·연기를 계속 비교하며 작품
을 보게 되는 것도 부담이려니와, 그저 대통령이라는 직책을
가진 사람을 소재로 삼아 허구적 이야기를 만든다는 것 자체
가 두려운 일로 느껴졌을 것이다. 온갖 편법적 개헌을 통해

12년 혹은 18년 장기집권을 하던 대통령의 시대에 누가 감히 대통령을 소재로 하여 '꾸며진' 이야기를 만들겠는가?

대통령을 연기하는 얼굴이 제대로 화면에 비춰진 것은 이 장기집권 대통령의 시대가 끝난 후였다. 1981년 MBC가 야심차게 만든 텔레비전 드라마 〈제1공화국〉(김기팔 극본, 고석만 연출)이 그것이다. 최불암이 이승만 역을 맡았다. 이전 방송드라마에 이승만 대통령의 연기는 고작 목소리 연기뿐이었다. 1967년 동양방송의 라디오드라마 〈광복 20년〉(이영신·김교식 극본)을 필두로 해서 동아방송의 드라마 〈정계야화〉(김기팔 극본)로 이어지는 다큐드라마들이 그 시작이었다. 이승만 역을 맡은 성우 구민의 기막힌 목소리 연기는 이후 이승만 연기의 전범이 되었다.

앞의 2편이 다큐드라마의 형식이었는데, 좀더 허구성이 강화된 라디오드라마 〈잘 돼갑니다〉(DBS, 한운사 극본, 안평선 연출)에서도 이승만은 구민이 연기했다. 이 작품은 대통령의 이발사를 주인공 삼아 이승만 정권의 말기 4년 동안의 이야기를 펼쳐놓는다. 이발사는 '각하'의 질문에는 무조건 '잘 돼갑니다'라고만 답하라고 단단히 교육을 받은 후에야 떨리는 손으로 대통령 머리를 손질할 수 있었다. 늘 굽실거리는 것이 몸에 밴 그 이발사의 꿈은 새로 짓는 우남회관 안에 이발관을 운영하는 것이다. "경무대에 몇 년씩 드나들면서 한몫 챙기지 못한 바보 같은 사람은 당신밖에 없을 것"이라는 아내의 바가지에 못 이겨 그는 어느 날 덜덜 떨리는 목소리로 '각하'께 조심스럽게 청을 드리고 허락을 받아낸다.

아내와 우남회관 공사장을 둘러보고 좋아서 어쩔 줄 모르지만, 결국 이승만 정권의 몰락으로 그 꿈마저 물거품이 된다. 영화 〈효자동 이발사〉(임찬상 감독, 2004)를 연상시키는 설정인데, 이야기의 흐름은 아주 다르다. 드라마·영화 〈잘 돼갑니다〉는 이발사 이야기는 비중을 낮추고 이승만 정권 말기의 정치사를 큰 비중으로 다룬다. 권력의 피해자로 저항에 나서는 〈효자동 이발사〉의 이발사(송강호 분)와 달리 〈잘 돼갑니다〉의 이발사는 그 알량한 '빽'에 편승해 한몫 잡고자 애쓰는 서민의 유치하고 비루한 측면에 초점을 맞춰 그려낸 것도 큰 차이다. 2000년대와 1960년대의 정치의식의 차이가 확연히 드러나는 지점이다.

감히 대통령을 똑바로 보지 못하는 카메라

라디오드라마 〈잘 돼갑니다〉는 이듬해인 1968년 조긍하 감독이 영화화했다. 이발사 역은 희극배우 김희갑이 맡았다.

문제는 여기에서부터다. 얼굴이 드러나야 했기 때문이다. 이승만 대통령 역은 공개 오디션을 거쳐 흡사한 외모의 70대 노인 최용한으로 뽑았으나, 정작 영화에서는 그 얼굴이 제대로 비춰지지 않는다. 카메라는 대통령의 얼굴이 최대한 노출되지 않도록 등 뒤와 먼 거리에서만 조심스럽게 움직인다.

최용한의 연기력 탓이라고만은 할 수 없다. 감히 대통령의 인간적인 얼굴을 정면으로 보는 것이 여전히 많은 사람에게 부담스러운 일이었다고 보는 것이 타당하다. 즉, 공식적으로 허용된 뉴스 화면 속의 대통령의 얼굴이 아닌 희로애락과 복잡한 내면을 읽을 수 있는 얼굴은 감히 보여줄 엄두를 내지 못한 것이다.

흥미로운 것은 이미 얼굴이 많이 알려진 다른 인물들은 과감히 배우들이 연기하고 있다는 점이다. 이기붕은 장민호, 박마리아는 김지미, 조병옥은 박노식이 연기했다. 이들 배우는 인물의 희로애락의 감정을 그대로 노출시키며, 카메라워크도 일반적인 극영화에서와 다를 바 없이 자연스럽게 이들의 모습을 포착한다. 그런데 그런 카메라가 오로지 대통령 얼굴만 제대로 쳐다보지 못하는 것이다. 그것은 '감히'라고밖에 따로 할 말이 없다.

이런 현상은 북한 영화에서 김일성 역을 그려내는 것과 꽤

흡사해 보인다. 나는 연구를 위해 북한 영화 몇 편을 본 적이 있는데, 그중 김일성 역이 설정된 작품이 있었다. 그런데 놀랍게도 그 김일성 역의 배우는 한 번도 얼굴의 정면을 보여주지 않았다. 카메라는 김일성 역을 하는 배우의 뒷모습만 조심스럽게 비추고 있고 말소리만 내보낼 뿐이다. '최고 존엄'의 얼굴을 다른 사람이 대신하는 것, 그의 내면과 감정의 변화를 엿보고 공감하는 것은 '감히' 할 수 없는 일이라고 여기는 것이다.

대한민국에서도 1970년대까지는 이랬다. 여전히 극영화나 텔레비전 드라마에서 대통령은 제대로 카메라로 비추지 못했으니 말이다. 심지어 김호선 감독의 영화 〈서울 무지개〉(1989)에서 '어른'이 뒷모습만 나왔듯이, 1980년대 말에도 바로 몇 년 전까지 대통령을 하던 사람을 연상시키는 장면에서는(게다가 그의 친구가 현직 대통령인 상황이니) 이런 관습은 어느 정도 유효했다.

〈잘 돼갑니다〉가 개봉되지 못했던 이유

그나마 영화 〈잘 돼갑니다〉는 개봉되지도 못했다. 문화공보부의 지시대로 데모 행렬 등의 장면을 축소하는 등 당시 검열에 맞추고자 노력했다. 심지어 1968년 추석 개봉 예정으로 예고편까지 만들어져 상영되었다. 그런데 개봉 전날 중앙정보부 요원들이 들이닥쳐 극장 간판을 떼고 개봉을 무산시켰다. 사실 이것은 분명한 불법적인 공권력 행사다. 정당하지 않은 정치적 검열이나마 절차를 밟아 진행을 했는데, 막판에 이렇게 물리력으로 막는 건 말도 안 되는 일이다. 이럴 거라면 검열 절차는 왜 만들었단 말인가. 이렇게 된 것은 정부 내에서도 '스텝이 꼬인' 결과라 보아야 한다.

최근 연구에 의하면, 당시 영화의 검열을 중앙정보부가 처음부터 간여하는 시스템이었다. 그런데 이런 사태가 벌어진 것은 중앙정보부 내에서도 중간에 의견이 바뀐 것이라고밖에 볼 수 없다. 검열을 주관하고 있던 부서보다 훨씬 윗선에서 무언가 새로운 지시가 떨어진 것이라고 짐작할 수밖에 없지 않겠는가.

정확한 속사정을 알기는 힘들다. 하지만 1968년이라는 시기의 정국을 대개 짐작할 만하다. 박정희 정권은 이미 1967년 선거에서 압승을 거두는 방식으로 개헌을 추진하고 세 번째 대통령 선거를 치르고 싶었을 것이다. 물론 1968년 내내 정부·여당은 '개헌은 논의할 시기가 아니다'라고 선을 그었다. 단 '국민이 원한다면' 그때 논의하겠다는 입장이었다. 속내가

뻔히 들여다보인다. 당연히 야당에서는 '개헌을 추진하면 결사투쟁하겠다'는 입장을 내놓고 있었다.

그런데 12월에 이르러서 여당에서 개헌필요론이 대두되더니 슬그머니 입장을 바꾼다. 12월 17일 공화당 의장서리 윤치영은 경남도당 개편대회 참석차 방문한 부산의 한 호텔에서 기자와 만나 "국민이 원한다면 헌법 개정을 단행하겠다"고 밝힌다. 그리고 1969년 야당과 대학생·지식인의 반대투쟁에도 국회에서 대통령 삼선三選이 가능한 새 헌법을 변칙적으로 통과시킨다.

개헌으로 장기집권의 길로 나가는 과정은 이미 우리 국민들이 이승만 정권 시기에 겪은 바 있다. 그런데 무리한 개헌으로 장기집권을 하다 몰락한 이승만 정권의 말년 이야기가 극장에서 개봉되는 것이 부담스러웠을 것이다. 라디오드라마로 방영되어 인기를 모은 작품이니 처음에는 계속 압력을 넣으며 작품의 수위를 조절하는 방식으로 영화제작을 허락하려 했을 것이다. 다 알려진 내용인데 영화제작이 불허되었다고 하면 또 여론에서 시끄러울 것이기 때문이다. 그러나 개봉에 임박해 입장이 바뀌었던 것이 아닐까 싶다.

결국 당시로서는 엄청난 거액이었던 4,000만 원 제작비가 고스란히 날아갔다. 제작자였던 김상윤은 엄청난 빚을 졌고,

영화 〈잘 돼갑니다〉에서는 이승만 대통령의 얼굴이 제대로 비춰지지 않았다. 더구나 개봉 하루 전날 중앙정보부에 의해 상영이 금지되었다. 그리고 민주화 이후인 1989년에 뒤늦게 개봉되었다.

어떻게든 영화를 살려보려고 이리저리 뛰면서 몸과 마음이 다 상했다. 결국 그는 이 후유증으로 1975년에 병사했다. 그 것으로 끝이 아니었다. 돈을 들였던 사람들로서는 이미 만들 어놓은 영화이니, 청와대의 허락만 떨어지면 최소한의 제작 비는 건질 수 있다고 판단했을 것이다. 영화 개봉 허락을 받 겠다며 청와대를 찾아갔던 아들은 경비경찰에게 구타당한 후 나중에 정신병원에서 발견되었다. 집안은 풍비박산이 났다.

영화는 1987년 6월 항쟁이 지난 후인 1989년에야 겨우 빛 을 볼 수 있었다. 한국영화진흥공사 안의 필름보관소에 처박 혀 있던 것이 그제야 바깥으로 나올 수 있었다. 그러나 안타 깝게도 이미 작품에 대한 대중적 관심은 다 꺼져버린 뒤였다. 이제 정치비판적 시각을 지니고 영화관에 몰려올 젊은이들은 〈남부군〉(정지영 감독, 1990) 같은 작품에 관심을 가질 뿐, 이승 만 정권 이야기를 다룬 이 작품은 기억조차 하지 못했다.

당시 방영되던 텔레비전 드라마 〈제2공화국〉만큼도 관심 을 모으지 못했다. 관객이 적어 불과 9일 만에 간판을 내렸 다. 김상윤의 아내는 실의에 빠져 자살을 기도하기도 했다. 이들은 정부를 상대로 이 막대한 손해에 대해 배상하라며 계 속 요구했는데, 몇 번에 걸쳐 기각당하다가 2013년에 이르 러서야 겨우 민주화운동관련자보상심의위원회에 의해 민주화운동으로 인정받았다. 그러나 이미 그의 아내도 타계한 뒤였고, 이들 죽음에 대한 인과성은 인정되지 않았다. 공권력에 의한 예술 탄압이 낳은 엄청난 비극이었다.

영화와 드라마에서 대통령이 등장하기 시작했다

제5공화국 초기인 1981년에 텔레비전 드라마 〈제1공화국〉으로 이승만 역의 배우 얼굴이 비로소 클로즈업되었다는 점은 주목할 만하다. 박정희 피살과 광주 학살을 거치면서, 대중은 대통령이 떠받들어야 하는 왕이 아님을 분명히 깨달았을 것이다. 대통령 부인을 국모國母라 부르던 풍토도 이때부터 사라졌다. 라디오에 머물고 있던 정치 다큐드라마가 텔레비전으로 올라오도록 만든 것은 바로 대중의 고양된 정치적 관심이었다. 정권으로서는 여전히 이런 드라마가 부담스러웠겠지만, 대중의 변화를 마냥 막을 수만은 없었을 것이다.

텔레비전에서는 후발주자였던 MBC가 정치에 대한 대중의 폭증하는 관심을 받아들여 '조선왕조 500년' 시리즈와 〈제1공화국〉 등 야심찬 기획으로 성사시켰다. 여기에 완전히 새로운 감각을 지닌 멜로드라마 작가 김수현이 〈사랑과 진실〉, 〈사랑과 야망〉 등으로 본격적으로 무르익은 기량을 내뿜기 시작했다. 이런 1980년대를 치열하게 보내면서 MBC는 '드라마 왕국 MBC'가 될 수 있었다.

즉, 드라마에서 발군의 실력을 발휘한 동양방송까지 흡수해버린 공룡 같은 KBS를 넘어서기 위해서는 KBS가 하지 못하는 과감한 기획을 밀어붙여야 했을 것이다. 10월 유신에 이르러 라디오드라마 〈정계야화〉를 강제적으로 끝낼 수밖에 없었던 작가 김기팔에게 이제 텔레비전의 정치 다큐드라마를 맡겼고, 고석만 연출이 결합해 콤비를 이루었다. 물론 순탄치 않았다. 둘이 국가안전기획부(안기부)로 끌려가 고초를 겪는 수순이야 아마 어느 정도 예상하지 않았을까 싶다.

이후 1987년 6월 항쟁으로 직선제 개헌을 성취한 이후인 1991년 이 콤비는 다시 〈땅〉이라는 대하드라마로 손을 잡고, 전직 대통령 전두환 부부가 백담사에서 신도들을 앉혀놓고 강의하는 장면을 첫 회에 방영한다. 물론 이 작품은 이런 장면은 시대적 배경으로 배치된 것일 뿐이었다. 하지만 해방 후 한국 사회의 핵심 문제가 된 땅에 대한 이야기를 풀어놓으려 야심차게 준비한 이 대하드라마는 '꼴랑' 15회로 조기종방을 당했고, 작가 김기팔은 울분을 술로 달래다 간 질환으로 타계했다. 6월 항쟁 이후인데도, 이 정도라면 정말 희망이 없겠구나 하는 극도의 실망감이 그를 죽음에 이르게 했을 것이다.

그러나 세상은 꾸준히 앞으로 나아갔다. 몇 년 후인 1993년 문민정부 등장을 거치며 〈제4공화국〉 등 군부독재시대를 다룬 다큐드라마들이 쏟아져나옴으로써 겨우겨우 실존 대통령의 형상화는 범상한 일이 되어갔다. 1990년대에는 딱 거기까지였다. 최근 밝혀진 바에 의하면 문민정부 시대인 1995년대에도 작품 내용에 검찰의 간섭이 있었다고 하니,• 대통령 형상화란 여전히 부담스러운 일이었을 것이다. 그러니 드라마에서 실존했던 대통령이 아닌 그냥 '대통령'이라는 직함의 인물을 설정해 허구의 이야기를 만드는 일은 여전히 쉽지 않았을 것이다.

이것이 가능해진 것은 김대중 정권의 말기에 이르러서였다. 일단 외압의 문제도 해결되었을 테지만, 무엇보다 대중이 이런 드라마를 편안하게 수용할 수 있게 되었다는 의미다. 말하자면 노무현 대통령 시대에 이르러서야 비로소 우리는 대통령을 5년마다 바뀌는 '선출직 공무원'으로 받아들이게 된 것이 아닐까 싶다.

실존 대통령 캐릭터가 아닌 허구적 대통령 캐릭터가 등장

• 「"검, 전두환 발포 명령 장면 빼라 지시"…드라마 대본에도 개입」, 『연합뉴스』, 2017년 11월 19일.

한 최초의 작품은 2002년의 영화 〈피아노 치는 대통령〉(전만배 감독)이다. 전만배 감독이 한 연예프로그램의 인터뷰에서 밝힌 바에 의하면 이 영화도 순탄치는 않았다. 1990년대 중반에 제작을 시도했는데 안기부가 찾아와 시나리오를 보자고 하기에 제작을 '접었고' 김대중 정부가 거의 끝날 무렵인 2002년에야 비로소 개봉할 수 있었다고 한다.●

　그리고 노무현 정권 시대로 옮겨오면서 이제 대통령 캐릭터는 아주 흔하게 등장하기 시작했다. 가장 먼저 나온 작품이 드라마 〈보디가드〉(KBS-2, 이한 극본, 전기상 연출, 2003)였다는 것은 이런 변화를 잘 보여준다. 대통령 후보 정원익(임채무 분)의 경호원이 되어 예상치 못하게 정경유착의 비리를 파헤치게 된 홍경탁(차승원 분)은 마지막 회에서 대통령 경호원으로 청와대에 근무하는 모습을 보여준다. 새 대통령은 화이트셔츠 소매를 걷어붙이고 참모들과 원탁 테이블 앞에 서서 정책 토론에 열중하는 젊고 개혁적인 모습으로 그려진다. 드라마에서는 한 번도 본 적 없는 새로운 대통령 이미지였다. 2003년이 아니었다면 이런 캐릭터는 결코 가능하지 않았을 것이다.

●　「본격연예 한밤: 드라마, 영화 속 대통령」, 『SBS』, 2017년 12월 26일.

대통령이 등장하는 드라마와 영화는 계속되었다. 영화 〈한반도〉(강우석 감독, 2006)처럼 정치나 역사에 대한 내용이 아닌 작품도 많았다. 연애물인 드라마 〈프라하의 연인〉(SBS, 김은숙 극본, 신우철 연출, 2005)에서는 여주인공이 대통령의 딸(전도연 분)로 설정되었고, 드라마 〈진짜 진짜 좋아해〉(MBC, 배유미 극본, 김진만 연출, 2006)에서는 여주인공의 출생의 비밀에 대통령이 얽혀 있다.

이제 '대통령 딸'이란 설정이 '재벌 아들'이란 설정과 그리 다르지 않게 보일 정도가 되어버린 것이다. 이런 작품이 자꾸 나오다 보니 청와대와 경복궁 부근은 늘 드라마에서 비춰지는 단골 장소가 되었다. 청와대 앞길은 교통이 통제되는 삼엄한 공간이 아니라 밤에 애인과 함께 거닐 수 있는 멋진 길로 형상화되었다.

드라마에서 애정물의 인기가 시들해지고 추리와 액션의 시대로 넘어오면서 대통령은 더욱 자주 등장하는 캐릭터가 되었다. 해외의 다국적 기업, 미국이나 일본의 권력자, 북한의 거물까지 등장하며 우리를 둘러싼 복잡한 권력관계가 드라마와 영화 속에서 그려지기 시작했다. 정재계·법조계·언론계의 거물 권력자들이 대한민국을 주물럭거리면서 얽히고설키는 이야기에 어찌 대통령이란 캐릭터가 빠질 수 있겠는가.

드라마 〈쓰리 데이즈〉(SBS, 김은희 극본, 신경수 연출, 2014)처럼 대통령 암살이라는 뜨거운 소재가 등장하기도 하고, 영화 〈판도라〉(박정우 감독, 2016)와 〈감기〉(김성수 감독, 2013)처럼 국가의 명운이 달린 대재난에 힘든 결단을 해야 하는 대통령이 조연으로 등장하기도 했다. 대통령 비서실장이나 국무총리 정도만 등장하는 작품은 일일이 거론하기 힘들 정도로 많다.

퇴임한 지 20년이 넘은 대통령조차 겨우 등장시킬 수 있었던 시대에서 불과 30년이 못 되었는데 이 정도이니 정말 엄청난 변화다. 대통령이 5년마다 바뀌고 심지어 여야까지 뒤바뀌는 경험을 몇 번 하다 보니 대통령에 대한 태도가 달라진 것이다. 마주하기조차 두려운 존재가 아니라 국민이 '아주 내키는 건 아니지만 차선책으로 이번엔 뽑아준다'는 마음으로 투표해서 뽑힌 인물일 뿐이다. 작품 속의 대통령이 정당과 각료, 재벌, 언론 등의 눈치를 보면서 살얼음판 걷듯 힘들게 처신해야 하는 인물로 그려지는 것도 이 때문일 것이다.

악한 대통령이 등장했다

이렇게 대통령이 만만하게 느껴지는 시대지만, 여전히 한국 영화와 드라마에서 대통령이 악인으로 그려지는 경우는 많지 않다. 국회의원이나 장·차관, 검사, 청와대 참모 등의 인물이 조폭과 다름없이 그려지는 경우는 꽤 있지만, 대통령 캐릭터만은 그렇게까지 망가지지 않고 있다. 왜 그럴까? 역대 대통령에 대한 신뢰 때문이라고는 볼 수 없다. 그렇다면 왜일까?

첫째는 우리가 발 딛고 사는 대한민국이라는 나라에 대한 최소한의 애정과 예의 때문이라고 생각할 수 있다. 이렇게 판단하는 것은 선거 소재의 작품에서는 대권을 바라보는 후보들조차 추악한 정치인의 민낯을 고스란히 드러내고 있기 때문이다. 대선으로 가는 지름길이라 여겨지는 서울시장 선거가 흔히 이런 작품의 소재가 된다.

2011년 서울시장으로 시민운동가 출신 박원순이 당선된 직후인 2012년 봄을 가장 뜨겁게 달군 드라마 〈추적자〉(SBS, 박경수 극본, 조남국·진혁 연출)가 그랬다. '개천에서 난 용'으로 재벌의 사위가 되어 그 힘으로 정치권에서 승승장구한 강동윤(김상중 분)이 재벌 딸인 아내의 과실치사를 은폐하면서 서울시장 선거를 치르는 과정이 그려진다. 어린 딸의 억울한 죽음을 밝히겠다며 재벌 오너의 가족이며 장차 대권을 바라는 거물 정치인과 맞서게 된 형사 백홍석(손현주 분)은 결국 진실을 밝히고 여론의 힘을 얻어 강동윤을 서울시장에서 낙선시

대통령이나 대선주자를 주인공으로 내세운 영화와 드라마가 본격적으로 나온 것은 2000년대 들어서였다. 드라마 〈추적자〉에서 재벌 사위이자 거물 정치인 강동윤을 형사 백홍석이 권총으로 겨누는 장면. © SBS

킨다.

2017년 대선이 5월 '장미 대선'이 되는 바람에 살짝 김이 빠진 불운한 영화 〈특별 시민〉(박인제 감독, 2017)도 대권을 바라는 서울시장의 선거를 소재로 한다. 전쟁터 같은 선거판에서 중요한 것은 정책이 아니다. 이미지 메이킹, 여론몰이, 정치공학적 후보단일화 따위이며, 이를 위한 흑색선전과 함정 파기, 휴대전화 도청 따위는 기본이다. 이런 '작전'은 캠프 내라고 예외가 아니어서, 선대본부장이 자기편 후보의 휴대전화를 도청해 약점을 수집한다. 대권을 욕망하며 서울시장 삼선에 도전하는 변종도(최민식 분)는 뺑소니 치사 사고를 딸에게 뒤집어씌우고 자신에게 등 돌린 선대본부장(곽도원 분)을 죽이고서야 겨우 시장에 당선된다. 하지만, 영화는 그 진실이 쉽사리 묻히지는 않을 것임을 암시하는 결말로 끝맺는다.

이렇게 대권을 바라보는 정치인들이 추악한데도 현직 대통령은 그리 악하게 그려지지 않는다. 이유를 한 가지 더 생각해볼 만하다. 그것은 현직 대통령을 악한으로 만들어 궁극적으로 몰락시키는 '처벌의 서사'를 만드는 것에 여전히 부담을 느끼고 있는 게 아닐까 하는 것이다. 제도적 심의의 문제가 아니라, 수용자 대중의 심리적 저항의 문제다. 즉, 수용자 대중이 현직 대통령을 이렇게 그리는 작품을 심리적으로 부담스러워할 수 있다는 판단을 창작자들이 하고 있다는 의미로 읽히는 것이다.

이렇게 판단하는 것은 현직 대통령을 국민들의 장기적인 시위의 힘으로 탄핵·파면시키고 감옥에 보내 처벌하는 경험을 해본 2018년에 이르러 비로소 '악한 대통령'이 등장하기 시작했기 때문이다. 〈언터처블〉(JTBC, 최진원 극본, 조남국 연출), 〈의문의 일승〉(SBS, 이현주 극본, 신경수 연출)이 그것이다. 아직 악한 대통령은 두 작품에서 모두 전직 대통령이기는 하다. 하지만 그래도 그게 어딘가.

〈언터처블〉은 북천시의 정치·경제·언론·교육 등 모든 분야에서 '언터처블'한 최고 권력자 장범호(박근형 분) 전 시장의 두 아들 장기서(김성균 분)와 장준서(진구 분)의 대립을 하드보일드의 질감으로 펼쳐나간다. 여기에서 전직 대통령 구용찬(최종원 분)은 장범호의 죽마고우이자 장씨 집안의 힘으로 대통령까지 지냈고, 고명딸 자경(고준희 분)을 장기서의 아내로 들여보내 사돈까지 맺어놓은 상태다. 그러나 장범호와 구용찬은 초법적인 권력을 행사하면서 저지른 사건이 탄로날 지경에 이르자 분열한다.

이들의 싸움에 죽마고우, 은인, 가족 등의 인연이란 아무런 소용이 없다. 그런 인연은 그저 자신의 파워게임을 만들고 진

전시키는 조건들일 뿐이다. 둘의 싸움에서 구용찬은 패하고, 장범호는 법적으로 죽은 자이면서도 실제로는 살아 초법적 권력을 행사한다. 악한 전직 대통령도 흥미롭거니와, 죽어서도 죽은 게 아닌 지독스러운 전 시장 장범호 캐릭터에는 묘하게 박정희 대통령 이미지가 겹쳐진다.

〈의문의 일승〉에서는 전직 대통령 이광호(전국환 분)가 감추어둔 재산 1,000억 원의 정체가 폭로될 위기에 처하자 안전하게 재산을 수중에 넣고자 하고, 이를 위해 재임 시절 수족처럼 활동했던 국가정보원장과 국가정보원 직원들을 동원한다. 첫 회부터 고문치사를 번개탄 자살로 위장하는 사건부터 시작할 뿐 아니라, '다스는 누구 거?' 태그가 유행하는 시기에 하필 1,000억 원 이야기를 소재로 삼음으로써, 좀더 최근 겪은 현실 정치의 모습이 직접적으로 소재로 쓰고 있다.

위험을 감수하면서까지 1,000억 원을 되찾는 데에 골몰할 정도로 돈에 집착하는 전직 대통령을 설정했으니, 당연히 이명박 대통령을 떠올릴 수밖에 없다. 여태껏 비교적 멋진 모습으로 등장한 경우가 많았던 국가정보원이 부패한 정치인의 하수인으로 온갖 허접한 짓을 하는 것으로 설정된 것도 흥미로운 지점이다. 이제 많은 대중이 대통령을 처벌할 수 있는 존재로 여기기 시작했기 때문이라고 생각한다.

"오늘 따라 저 기왓장이 더 파랗게 보인다"

대중적인 방송드라마 속의 악인은 처벌·몰락의 서사로 처리되는 것이 보통이다. 비록 현실에서 모든 악이 처벌되지 않을지라도, 적어도 현실성뿐 아니라 대중의 욕망을 적절히 충족시켜주는 것이 존재 이유인 대중예술에서는 이러한 '대중적 정의'를 서사로 구현한다. 특히 텔레비전 드라마처럼 일상의 생활공간에서 수용하는 예술은 권선징악이라는 보수적 상식의 안정감을 존중하는 편이다.

그런데 대한민국의 대통령이라는 캐릭터가 악행으로 인해 몰락하는 처벌의 서사가 여태껏 대중에게 여전히 불편했던 것이다(악한 대통령의 존속으로 결말지어지면, 그것은 더욱 암울하고 불편하다). 현실 속에서는 혁명으로 쫓겨나고 암살당하고 정권교체 후 법적으로 처벌받는 대통령들을 만나오긴 했지만, 대통령은 일반 국민은 물론 일반 정치인과는 다른 인물이라는 생각이 남아 있었던 셈이다. 국민이 선출해 국민의 세금으로 월급 받으며, 잘못이 있으면 언제든지 파면당할 수 있는 공무원이라는, 어찌 보면 당연한 생각을 여태껏 쉽게 하지 못했던 것이다.

악한 대통령이 설정되었다는 것은 이제 드디어 그런 생각을 큰 심리적 부담이 없이 할 수 있게 되었다는 것을 의미한다. 국민의 집단적인 요구에서 시작해 확실한 법적 절차를 통해 대통령을 파면하는 대한민국 정치사상 초유의 경험이 대중의 정치의식을 변화시켰고 사회심리적인 금기의식을 깨뜨린 것이다.

어찌 보면 대통령 소재의 영화는 이제부터 시작일 수 있다. 지난 10년 동안 겪은 두 명의 대통령은 여태껏 한 번도 겪어보지 못한 대통령인 동시에, 대중은 물론 영화·드라마 창작자들의 상상력을 훌쩍 뛰어넘는 수준의 행태를 보여주었기 때문이다. 여기에 지금 겪고 있는 상상초월의 미국 대통령까지 생각하면, 앞으로 대통령 소재 작품은 그야말로 완전 '기대만땅'이라 보아도 좋지 않겠는가.

이런 권력욕을 지닌 대통령 캐릭터가 낭만적으로 아름다운 서울 이미지와 어울릴 리 없다. 영화 〈특별 시민〉 속의 서울 풍경은 그런 점에서 흥미롭다. 대권을 탐내는 서울시장 변종도는 새벽에 참모를 데리고 서울 성곽을 산책한다. 성곽 길에서 내려다보는 아름다운 서울 시내는 탐욕과 야망의 대상이다. 그러니 거기에서 보초를 서는 군인들이 자기 얼굴도 알아보지 못한다고, 아주 자연스럽게 손찌검을 하는 것이다.

영화에서 가장 인상 깊은 대목 역시 변종도가 멀리 세종로를 바라보는 장면이다. 시장 사무실에서 광화문·경복궁 너머 청와대를 바라보며 "오늘 따라 저 기왓장이 더 파랗게 보인다야!"라며 흐뭇한 표정을 짓는 변종도의 얼굴이 어찌 그만의 것이랴. 하지만 이런 작품이 영화와 드라마로 계속 나오고 있다는 것이야말로, 대중이 정치권력을 냉철하게 바라보는 눈이 십수 년 전과는 비교할 수 없도록 높아졌음을 반증한다. 광화문 너머 청와대의 파란 지붕만을 바라보는 머리로는 광화문 광장에서 시민의 힘으로 현직 대통령을 파면시킬 수 있음을 생각하기가 꽤나 힘들 테지만 말이다.

제12장

그해 겨울,
광장은
뜨거웠다

뭇사람의 입은 하늘도 움직인다

세종로에 사람들이 모여 목청 높이 노래를 부르면 대한민국의 역사가 바뀐다. 왕을 불러내기 위해 부족장들이 모여 노래를 불렀고, 바다로 납치된 수로부인을 사람들이 모여 노래를 부름으로써 구해냈다는 설화도 있지 않은가. 여러 사람이 입을 모아 소리를 낸다는 것은 어마어마한 힘을 지니는 모양이다.

권위주의적 정권이 세종로 거리에 사람이 발조차 디딜 수 없도록 횡단보도조차 없앤 점도 꽤나 징후적으로 보인다. 박정희 정권이 극단적인 권위주의로 퇴행할 때에 세종로는 자동차만을 위한 도로로 바뀌었다. 이후 광화문 네거리에 횡단보도를 만들기로 결정한 것은 대한민국 최초의 여야 평화적 정권교체가 이루어진 1998년에 이르러서였다. 그러니 이 거리 한복판에 많은 사람이 걸어서 진입하는 일은 일종의 '사건'일 수밖에 없었다. 자동차만의 길이 된 이후 처음으로 이곳에 사람들의 발로 가득 차 본 때는 박정희 정권이 끝난 직후인 1980년 '민주화의 봄'이었다.

1980년 3월 대학 총학생회가 부활되었고 봄이 무르익으면서 교내 집회를 거쳐 시내 한복판의 가두시위로 이어졌다. 광화문 네거리에 시위대가 진출한 것은 5월 13일이었다. 막상 가두에 나서면 복잡한 노래는 부르기 힘들다. 가장 많이 부르게 되는 노래는 '훌라송'이라 지칭된 노래였고, 결정적인 순간에는 〈애국가〉를 불렀다. 하지만 신문 어디에도 학생들이 〈애국가〉를 불렀다는 보도가 없는데, 비상계엄하의 사전검열 때문이라고 보인다.

당시 대학 2학년이던 나는 검열로 군데군데 허옇게 지워진 학교신문의 모습을 생생히 기억한다. 극성스러운 한 선배가 교내신문사에서 검열 이전 판본을 구해다가 검열본과 대조해 보았는데, 시위대 학생들이 〈애국가〉를 불렀다는 구절이 삭

제되었음을 발견하고 '별 걸 다 잘났네'라며 다들 폭소를 터뜨렸던 기억이 있다.

우리들은 정의파다 홀라 홀라 / 같이 죽고 같이 산다 홀라 홀라 / 무릎 꿇고 살기보다 서서 죽길 원한다 / 우리들은 정의파다
- 〈홀라송〉

다른 노래에 비해 〈홀라송〉이 애창된 것은 8자의 구호를 넣기 편안한 노래였기 때문이다. 예컨대 '비상계엄 철폐하라 홀라홀라', '노동삼권 보장하라 홀라홀라' 식으로 부를 수 있는 노래다. 이 노래의 원곡은 아일랜드 민요다. 영국이 19세기에 식민지인 아일랜드인들을 대영제국 전쟁의 총알받이로 내몰았을 때에 나온 노래라고 한다. 〈조니, 난 널 거의 못 알아봤어 Johnny, I hardly knew ye〉가 원곡의 제목이다. 전쟁터에 나가 부상을 입고 돌아온 남자를 보며 그의 아내가 부르는 노래다.

노래의 가사는 옮기기 민망할 정도로 끔찍하다. '북과 총을 들었으니 후루 후루 / …… / 적들이 널 죽이겠지', '뛰는 데 썼던 다리는 어디 있니 후루 후루 / …… / 너에겐 이제 춤추는 날이란 없겠네 / 난 널 거의 못 알아봤어', '그 부드러웠던 네 눈은 어디 갔니', '넌 팔 하나, 다리 하나도 없네', '넌 이제

1980년 서울의 봄 당시, 대중은 가장 쉽게 따라 부를 수 있는 '홀라송'을 부르며, 정권 타도를 외쳤다. 1980년 5월 15일 서울역에는 10만 명의 학생이 모여 '계엄 철폐'를 요구했다.

밥그릇 들고 구걸하러 다니겠네' 등의 가사이니 말이다. 이 노래는 이후에도 계속 불렸고, 지금도 많은 음반으로 이 노래를 들을 수 있다. 이런 노래가 수백 년 동안 불릴 정도이니 이들의 고통과 절망이 얼마나 극심했는지 짐작할 만하다.

그러나 이런 반전적인 내용의 노래에서 곧바로 〈홀라송〉으로 바뀐 것은 아니라고 보인다. 중간에 미국 버전이 있다. 이 아일랜드 민요가 미국 대륙으로 건너왔고, 남북전쟁 때에는 전쟁 영웅을 즐겁게 맞이하는 노래로 바뀌어 불렸다. 〈조니가 집으로 행진하며 돌아올 때When Johnny comes marching home〉가 제목이고, 내용에서도 전쟁의 참혹함은 사라지고 전쟁 영웅을 즐겁게 맞는 가사로 바뀌었다. 당연히 노래의 분위기도 씩씩한 군가 분위기가 되었다.

한국에 널리 알려진 것은 이 버전이었다고 추측된다. 이 미국 버전에서는 아일랜드에서는 '후루 후루'라 불렸던 여음구가 '후라 후라'라고 불리고 있으니 말이다. 1963년에 단성사에서 개봉한 존 웨인 주연의 영화 〈기병대〉(존 포드 감독, 1959)에 이 노래가 쓰였고, 이 영화를 통해 한국에도 널리 퍼진 게 아닌가 싶다.

이 노래가 데모 노래의 곡조로 쓰였다는 것은 두 가지 점에서 의미 있다. 하나는 박정희 정권의 독재가 심해진 1970년대에 들어서 시위가 격렬해졌고 노래도 그에 따라 비장한 감정을 드러내는 것이 요구되었음을 보여준다는 점이다. '같이 죽고 같이 산다', '무릎 꿇고 살기보다 서서 죽길 원한다' 같은 가사는 이전의 데모 노래에서는 쉽게 찾아보기 힘든 비장미를 지닌다. 악곡 역시 이런 가사가 어울릴 정도로 비장하다.

또 하나는 영국·미국식 악곡을 편히 받아들일 수 있던 전후 출생자들이 대학생이 되었다는 점이다. 이 노래는 1970년대 중반에 이르러 대학가에서 불리기 시작했다. 1970년대 초만 하더라도 시위 때 많이 불렀던 노래는 〈선구자〉나 〈해방가〉였다고 한다. 그러던 것이 위수령과 계엄령이 빈발하는 1970년대 중반 즈음에 이르러 비장한 〈홀라송〉이 불리기 시작했다. 이 시기의 대학생들은 1950년대 중반에 태어나 1960년대에 성장한 사람들이었다. 어릴 적부터 미국 대중문화를 흠뻑 받아들이며 〈싱싱싱Sing Sing Sing〉을 비롯한 온갖 미국 노래에 장난스러운 가사가 붙여진 구전가요를 부르며 자랐던 세대였으니, 시위 때 부르는 노래의 곡조도 바뀌기 시작한 것이다.

하지만 격렬한 데모 현장에서는 이 선율도 쉽지 않았던지 구전 과정을 거치며 아주 단순하게 바뀌었다. '무릎 꿇고 살기보다 서서 죽길 원한다' 부분의 선율은 원곡의 곡조가 거의 사라졌다고 해도 과언이 아니다. 이렇게 단순하게 선율이 바

뀐 덕분에 광주민중항쟁에서 시장의 중년 아저씨들도 '전두
환은 물러가라 홀라홀라' 하며 쉽게 따라 부를 수 있었다. 광
주민중항쟁에서 불린 노래에 대해 연구한 정유하는 이 노래
가 널리 불렸다고 했다.●

넥타이 부대의 등장과 〈아침이슬〉

광화문 한복판에 사람이 다시 운집한 것은 7년 뒤인 1987년
6월 항쟁 때였다. 박종철에서 이한열로 젊디젊은 죽음이 이
어진 이때, 가장 안전한 공간은 명동성당을 비롯한 기독교권
의 공간이었다. 그래서 명동이나 종로5가 기독교회관 부근
에서 출발해 서울시청 앞과 종로·무교동을 거쳐 광화문 네거
리로 향하는 것이 이 시기 대부분의 시위 행로였다. 6월 10일
시위대는 광화문 네거리를 어렵사리 뚫었고 시위는 승기를
잡았다.

6월 29일, 호헌의 입장을 철회하고 개헌을 약속한다는 노
태우 당시 집권당 대통령 후보의 6·29선언이 나왔다. 그리

●   정유하, 『그래도 우리는 노래한다: 민중가요와 5월 운동 이야기』(한울, 2017).

고 며칠 후인 7월 8일, 이한열의 운구 행렬은 신촌 연세대학교에서 출발해 서울시청 앞 집회를 거쳐 광주로 향했다. 서울시청 앞에 모였던 100만 군중은 광화문 네거리로 몰려갔고 경찰은 이날도 시위대에 최루탄을 쏘았다.

6월 항쟁의 거리에서도 〈애국가〉와 〈홀라송〉은 당연히 불렸지만, 1980년과는 달리 〈아침이슬〉의 힘이 강해졌다. 1971년 양희은 음반과 김민기 음반을 통해 대중가요로 발표되었던 〈아침이슬〉(김민기 작사·작곡)은 유신 말기가 시작되는 1975년에 금지곡이 되면서 데모 노래로 그 위상이 바뀌었다. 1980년 봄까지는 대학생·고등학생만 즐겨 부르던 노래여서 거리의 다양한 대중과 함께 부르기는 쉽지 않았다. 광주민중항쟁의 시장판 중년 아주머니들이 〈아침이슬〉을 함께 부르기는 쉽지 않았던 것이다.

그런데 1987년이 되면 상황이 달라진다. 청소년 때부터 〈아침이슬〉을 익히 알았던 세대가 화이트칼라 '넥타이 부대'가 되어 6월 항쟁에 합류했다. 시위대의 노래가 달라진 것은 이렇게 시위대가 달라졌기 때문이다.

이즈음에 〈아침이슬〉을 둘러싼 일화는 또 있다. '6·29선언'을 한 집권당의 노태우 대통령 후보가 8월 말에 김민기가 속해 있던 극단 연우무대를 찾았다. 이제 직선제로 대통령 선거를 치러야 하니 본격적으로 성난 민심을 가라앉혀야 했을 것이다. 이럴 때에 가장 편한 것은 정치적으로 그리 큰 부담이 되지 않으나 대중에게 체감 효과는 크게 나타나는 문화 분야에서 뭔가 획기적이다 싶은 한 방을 날리는 것이다. 5·16군사쿠데타 직후 '연내 KBS 텔레비전 개국' 명령을 내린 것, 제5공화국 집권 초기에 컬러텔레비전 방송 개시, 통행금지 해제, 프로야구 허용 등의 조치를 내린 것도 그런 까닭일 것이다.

이 시기에는 대중가요 금지곡을 푸는 것이 '세상이 달라졌다'는 느낌을 한 방에 줄 수 있는 방법이었다고 판단했을 수 있다. 그리고 그 금지곡은 대개 두 가지 계열이다. 하나는 1960년대에 묶인 〈동백 아가씨〉 등 소위 '왜색' 관련 금지곡이고, 또 하나는 1975년 즈음에 묶인 〈아침이슬〉 등의 청년문화 취향의 대중가요였다. 이 중 〈아침이슬〉은 1970년대 후반부터 데모 노래로 널리 불렸으니, 이 노래의 금지를 푸는 것은 민주화 조치로 의미화되기 쉬운 것이었다.

어쨌든 노태우 후보는 〈아침이슬〉의 창작자 김민기가 속해 있던 연우무대를 찾았다. 연극을 관람한 후 연극인들과의 대화 자리가 있었고, 연극 등 예술에 대한 검열 문제가 논의되었다. 연극 뒤풀이 자리이니 노래 부르는 순서가 있었을 것이고 여기에서 노태우는 트로트 가요 〈선창〉을 불렀다. 그러면서 '〈아침이슬〉을 부르고 싶은데 아들딸에게 배운 노래의 가사를 아직 다 못 외웠다'며 쑥스러워했다는 것이다. 당시 〈아침이슬〉이 지닌 사회적 영향력을 선명하게 보여주는 일화다. 〈아침이슬〉은 바로 며칠 전인 8월 18일에 전격 해금되었다. 신문 기사에서 다루기 딱 좋은 장면 하나를 연출한 것이다.

6월 항쟁 이후 몇 년 동안 시위는 그저 늘 있는 사회현상이 되었고, 세종로에서도 가끔 자잘한 시위가 이어졌다. 이 흐름은 1991년 봄, 시위 진압 경찰에게 쫓기다 숨진 명지대학교 1학년 학생 강경대의 기나긴 장례 투쟁을 마지막으로 끝이 난다. 이듬해인 1992년에 국회의원 선거와 대통령 선거를 거치면서 한국 정치는 30년에 걸친 군인 출신 대통령의 시대를 끝내게 되고, 전 세계 역시 소련의 붕괴와 함께 대대적인 변화에 돌입하게 되었다.

광화문 광장이 열리다

문민정부 이후의 시대에도 세종로에서는 시위가 가끔 있었지만, 대규모 집회의 방향은 크게 바뀌었다. 1994년 '지구의 날' 행사 때 잠깐이나마 광화문 네거리는 시민들에게 개방되었고, 1995년 세종로, 서울시청 앞, 숭례문 부근을 시민들이 도보로 오갈 수 있는 광장으로 만들 계획이 수립되었다. 조선총독부 건물 철거가 이루어진 것도 그해였다. 국민의 정부 시대, 대규모 새천년맞이 행사 역시 세종로 한복판에서 이루어졌다.

그리고 급기야 2002년 한일월드컵 때에 서울시청 앞부터 광화문까지의 차로가 붉은 옷을 입은 시민들의 물결로 가득 차기에 이르렀다. 정부 주도 행사도 아니고 시위도 아닌데 시민들 스스로 세종로 한복판을 광장으로 만들어버린 이 엄청난 경험이야말로, 이후 일반 대중이 '광화문 광장'의 문화를 낯설지 않게 수용하도록 한 중요한 밑바탕이었다.

한일월드컵으로 뜨거운 여름을 보낸 그해 11월에 미군 장갑차에 치여 사망한 두 여중생을 추모하는 촛불집회가 열린 것은 결코 우연이라 할 수 없다. 촛불집회라는 독특한 방식의 집회가 본격화되는 시작점이다. 운동 조직의 대중동원이 아닌 온라인에서 한 누리꾼의 제안이 기폭제가 되었다는 점, 몸싸움의 도구인 '짱돌'이 아닌 기도·성찰의 분위기를 자아내는 촛불이 핵심 도구가 되었다는 점, 몸싸움에 능한 성인 남자 중심에서 벗어나 중고생 특히 여학생의 비중이 급격히 높아졌다는 점, 따라서 '대오를 갖추어' 모이는 방식이 아닌 자유로운 축제 분위기로 변화하기 시작했다는 점 등에서 촛불

2002년 한일월드컵 당시 서울시청 앞과 광화문은 붉은 옷을 입은 시민들로 가득 찼다. 이때부터 대중은 '광화문 광장'의 문화를 낯설지 않게 받아들였다.

집회는 이전과 전혀 다른 형태의 집회였다.

물론 이는 모든 사회비판적 대중집회를 불법으로 간주해 미리 차단하는 억압적 사회에서 벗어났기 때문에 가능한 일이었다. 적법한 신고 절차에 따라 이루어지는 시위가 국민의 기본권에 따라 보호받아 마땅한 일이라 여기면, 구태여 최루탄으로 해산시키려 하고 거기에 돌과 각목으로 맞서는 식의 물리적 충돌은 애초에 있을 필요가 없는 것 아니겠는가. 이후 촛불집회의 방식은 정치적 입장이나 집회 규모를 막론하고 유행처럼 번졌고, 사람들은 무언가 주장하고 싶은 곳에서는 어디서든 촛불을 들었다.

하지만 몇 번의 중요한 초대형 촛불집회는 역시 광화문 앞이었다. 2004년 노무현 대통령 탄핵 무효 촛불집회가 있었고, 2005년에는 이라크 파병 반대 촛불집회가 열렸으며, 인터넷과 결합해 집회 동영상이 전국 혹은 해외까지 생중계되는 시대가 열리기 시작한 것이다.

여중생들의 촛불과 '헌법 제1조'

2008년 미국산 쇠고기 수입 반대 촛불집회에서는 이런 흐름이 대세로 정착했다. 10대가 주축이 되고 인터넷이 집회의 참여, 진행, 여론 형성에 이르기까지 모든 과정에 엄청난 영향을 주는 방식이 확립되었다. 촛불집회의 단골 사회자였던 배우 권해효는 2004년 촛불집회까지는 참가자들이 '오와 열'을 맞추어 앉았는데, 2008년 집회에서는 옹기종기 모여 있는 '조직되지 않은 대오'로 바뀌었다고 기억한다.● 조직 지도부의 '오더'에 따른 '동원' 방식이 아니라, SNS나 인터넷 게시판이나 카페를 통해 시위 참여 의사를 공유하고 친한 사람들끼리 삼삼오오 자신들의 주장을 손팻말에 써서 들고 나오는 방식이었던 것이다.

1987년 6월 항쟁의 새로운 참가자인 '넥타이 부대'가 시위 경험이 있는 20~30대 남성이었던 것에 비해, 2008년 촛불집회의 주력부대는 '미친 소 미친 교육 아웃', '미친 소 너나 처드삼' 등의 발랄한 구호를 손에 든 여중생과 젖먹이를 데리고 나온 '유모차 부대'였다. 시위 경험이 없는 10~30대 여성들이었던 것이다. 깃발 아래서 〈철의 노동자〉 같은 '올드한' 투쟁가를 부르고 싶어 하는 아저씨 시위대와 동방신기 리메이크 버전의 〈풍선〉을 부르는 여중생들의 취향 차이는 꽤 컸

● 차형석, 「촛불 사회자들이 기억하는 그때 그 촛불」, 『시사IN』, 2017년 11월 4일.

다. 이런 간극을 메워준 것이 탄핵 무효 집회 때부터 부르기 시작한 〈헌법 제1조〉였다.

> 대한민국은 민주공화국이다 / 대한민국은 민주공화국이다 / 대한민국의 모든 권력은 / 국민으로부터 나온다
> - 〈헌법 제1조〉(윤민석 작사 · 작곡, 2004)

아무리 노래를 못 부르고 기억력이 없는 사람이라도 이 노래는 금방 따라 부를 수 있다. 시위 현장에 처음 나온 사람이 가장 민망할 때가 남들이 다 부르는 노래를 따라 부르지 못할 때다. 공동체적 분위기는 함께 노래를 부를 때에 배가된다. 이 노래는 시위 현장에 처음 나와서 〈임을 위한 행진곡〉조차 따라 부르지 못하는 사람들도 바로 따라 부를 수 있도록 만들어진 영악한 노래다.

주권재민主權在民의 원칙을 밝힌 대한민국 헌법 제1조를 반복하는 가사에 악곡도 아주 단순하게 붙였다. 그러나 그저 단순하기만 한 것은 아니다. 첫째 소절에서 둘째 소절로, 둘째 소절에서 셋째 소절로 넘어갈 때마다 선율의 첫 시작 음이 하나씩 올라간다. 이런 점층적인 선율은 자연스럽게 감정을 끌어올린다. 호소력과 중독성을 확보한 계산된 히트곡이었다.

진실은 침몰하지 않는다

세월호 참사 이후 광화문 광장은 더욱 뜨거워졌다. 그해 여름 프란체스코 교황 방한 때 인파로 꽉 찬 광화문 광장은 그저 안타까웠다고밖에 말할 수 없다. 기독교국가도 아닌 나라에서 교황의 행렬에 수도의 핵심 거리를 내어주었다는 것도 과한 일이었는데, 게다가 신도도 아닌 시민들까지 합세해 열광적으로 환호한 현상은 분명 정상은 아니었기 때문이다. 정부가 집요하게 덮어버리려는 세월호 참사를 교황의 힘에 의탁해 수면으로 끌어올리려는 안타까운 절규였다.

이렇게 안간힘을 다하고 광화문 천막에서 2년 반을 목숨 걸고 버텼기에 2016년 겨울 광화문의 촛불은 다시 타오를 수 있었다. 이제 여중생과 아이 엄마는 물론 조부모에서 어린 손녀까지 일가족이 함께 집회에 참여하는 것은 물론, 조직도 없이 참가한 그 엄청난 수의 사람들이 인터넷을 통해 정보를 공유해 국회·헌재·청와대·언론의 움직임까지 계산하며 정교하게 움직이는 놀라운 집단지성을 보여주었다.

어둠은 빛을 이길 수 없다 / 거짓은 참을 이길 수 없다 / 진실은 침몰하지 않는다 / 우리는 포기하지 않는다

- 〈진실은 침몰하지 않는다〉(윤민석 작사 · 작곡, 2016)

　늦가을 광화문에 몰려나올 때에는 '하야 하야하야' 하는 작자 미상의 풍자적 개사곡을 부르던 시위대는 겨울이 깊어가면서 히트제조기 윤민석이 내놓은 이 노래를 함께 부르며 가슴이 울컥거리는 경험을 했다. 간명한 네 문장의 가사, 소절마다 상행하며 감정을 점층시키는 단순한 선율은 〈헌법 제1조〉와 같은 발상이다. 역시 감동과 중독성을 함께 지닌 히트곡이었다.

　어둠과 빛, 거짓과 참의 선명한 대비, 여기에 '침몰'이라는 단어가 던지는 너무도 선명한 세월호 이미지가 절정부에 배치되어 있다. 이 부분이 노래의 핵심이니 제목도 〈진실은 침몰하지 않는다〉다. 노래 가사에서는 '죽음'이란 단어나 죽음 이미지가 한 번도 직접적으로 나오지 않지만, 이 '침몰'이라는 단어 하나로 '어둠'과 '거짓'이 사람들을 '죽음'으로 내몰았음을 가슴 아프게 느끼도록 만드는 것이다. 그러니 마지막 소절처럼 '우리는 포기'할 수 없는 것이다. 이 기막힌 죽음 앞에서 우리가 어떻게 포기할 수 있겠는가? 이렇게 광화문 광장에서 '송박영신送朴迎新(박근혜를 보내고 새해를 맞이하다)'의 송년회를 한 기억이 새롭다. 우리는 이제 어떤 노래를 부를 것인가?

광장의 노래는 세상을 어떻게 바꾸는가
© 이영미, 2018

초판 1쇄 2018년 4월 27일 찍음
초판 1쇄 2018년 5월 4일 펴냄

지은이 | 이영미
펴낸이 | 강준우
기획·편집 | 박상문, 박효주, 김예진, 김환표
디자인 | 최원영
마케팅 | 이태준
관리 | 최수향
인쇄·제본 | 대정인쇄공사

펴낸곳 | 인물과사상사
출판등록 | 제17-204호 1998년 3월 11일

주소 | 04037 서울시 마포구 양화로7길 4(서교동) 2층
전화 | 02-325-6364
팩스 | 02-474-1413

www.inmul.co.kr | insa@inmul.co.kr

ISBN 978-89-5906-498-4 03900

값 13,000원

이 도서의 국립중앙도서관 출판예정도서목록(CIP)은 서지정보유통지원시스템 홈페이지
(http://seoji.nl.go.kr)와 국가자료공동목록시스템(http://www.nl.go.kr/kolisnet)에서
이용하실 수 있습니다. (CIP제어번호: CIP2018012469)